CONTRA A MARÉ
A HISTÓRIA DO EMPREENDEDORISMO DO PEIXE URBANO

TANIA MENAI

CONTRA A MARÉ
A HISTÓRIA DO EMPREENDEDORISMO DO PEIXE URBANO

© 2018 - Tania Menai
Direitos em língua portuguesa para o Brasil:
Matrix Editora
www.matrixeditora.com.br

Diretor editorial
Paulo Tadeu

Capa, projeto gráfico e diagramação
Allan Martini Colombo

Revisão
Silvia Parollo

CIP-BRASIL - CATALOGAÇÃO NA PUBLICAÇÃO
SINDICATO NACIONAL DOS EDITORES DE LIVROS, RJ

Menai, Tania
Contra a maré: a história do empreendedorismo do Peixe Urbano / Tania Menai. -
1. ed. - São Paulo: Matrix, 2018.
184 p. ; 23 cm.

Inclui bibliografia
ISBN 978-85-8230-484-6

1. Negócios - Recursos de rede de computador. 2. Internet. 3. Comércio
eletrônico. 4. Sucesso nos negócios. I. Título.

18-49937
CDD: 658.8777
CDU: 658.879

Meri Gleice Rodrigues de Souza - Bibliotecária CRB-7/6439

SUMÁRIO

NOTA DA AUTORA
Um livro que caiu na minha rede 13

CAPÍTULO 1
Um centavo 17

CAPÍTULO 2
Brasil, a bola da vez 20

CAPÍTULO 3
Alex Tabor 25

CAPÍTULO 4
Compras coletivas 29

CAPÍTULO 5
Investidores 36

CAPÍTULO 6
Aqui não é peixaria 42

CAPÍTULO 7
Primeira oferta 48

CAPÍTULO 8
Modelo Amway de expansão 53

CAPÍTULO 9
Lá vêm os alemães **58**

CAPÍTULO 10
De porta em porta **65**

CAPÍTULO 11
Luciano Huck **72**

CAPÍTULO 12
Um CEO de bermudas **77**

CAPÍTULO 13
Mais gente, mais escritórios **83**

CAPÍTULO 14
A colaboração dos paulistanos **88**

CAPÍTULO 15
América Latina **95**

CAPÍTULO 16
A simpatia da imprensa **98**

CAPÍTULO 17
Nova etapa **102**

CAPÍTULO 18
Embicando para o lado errado **106**

CAPÍTULO 19
Sofrendo com o próprio sucesso **109**

CAPÍTULO 20
Navio sem bússola **117**

CAPÍTULO 21
Os darlings do mercado 125

CAPÍTULO 22
Aquário, sinuca e massagem 131

CAPÍTULO 23
Pingos nos is 135

CAPÍTULO 24
Vocês estão demitidos 139

CAPÍTULO 25
Sorria ou não – você está na Barra 145

CAPÍTULO 26
Reclame Aqui e Porta dos Fundos 151

CAPÍTULO 27
Metas, lupas e pente-fino 155

CAPÍTULO 28
Os chineses chegaram 161

Capítulo 29
CEO novo, cidade nova 166

CAPÍTULO 30
Lá vêm os chilenos 170

CAPÍTULO 31
Um novo ecossistema 172

Agradecimentos 175
Referências 177

Para Laila

E para todos os heróis que empreendem no Brasil – de vendedores ambulantes a grandes industriais. Incluindo meu pai, que nunca levantou depois das seis da manhã.

As regiões prósperas são aquelas que produzem tecnologia. Não há como escapar. Antes, o mundo era conectado pelo mar e pela terra. Agora, ele é conectado pelo ar. E no ar não há história, geografia nem soberania. Apenas a comunicação, um importante meio de transporte.

Shimon Peres (1923-2016)

NOTA DA AUTORA

Um livro que caiu na minha rede

Quando Julio Vasconcellos apareceu para a primeira entrevista deste livro, ele vestia camiseta, bermuda xadrez e usava chinelos. Era um fim de tarde no Leblon, seu porto carioca. Nós nos encontramos na entrada do seu prédio e caminhamos até o Balada, casa de sucos tradicional que frequento desde a época em que meu pai me colocava sentada no balcão. Escolhemos uma mesa no canto, e Julio pediu um suco verde, uma mistura de abacaxi, água de coco, gengibre, couve, limão e hortelã.

Aquele encontro era diferente de todos os cafés descompromissados que havíamos tomado antes. O Peixe Urbano, que ele cofundou e do qual era o CEO, comemorava cinco anos, e Julio acreditava ser o momento certo de contar a história: a criação entre amigos da Califórnia e o sucesso estrondoso Brasil afora, as turbulências e máscaras de oxigênio, e o pouso de emergência.

Meu contato com o Peixe Urbano era remoto. Conheço o Julio profissionalmente desde 2004, quando um amigo em comum, o Carlos Gamboa, nos apresentou. Ambos trabalhavam na Monitor, empresa de consultoria em Nova York, onde moro. Eu escrevia para revistas brasileiras, entre elas, *Veja* e *Exame*. Tomamos um café no Starbucks da Rua 57 com a Nona Avenida. Julio era bem novo, discreto e, logo notei, fora da curva.

No ano seguinte, ele seguiu para um MBA na Universidade Stanford, na Califórnia; mantivemos contatos esporádicos, sempre virtuais. Em 2006, ele encontrou tempo para ler, em primeira mão, meu livro *Nova York do Oiapoque ao Chuí*, que conta a história de 23 brasileiros na cidade. Ele leu tudo, ainda em formato Word, e me deu seu parecer. O livro foi lançado no final de 2007, e o nome dele figura na página dos agradecimentos.

No começo de 2010, Julio mandou uma mensagem via Skype anunciando sua volta para o Brasil e a abertura de uma empresa chamada Peixe Urbano. Fiquei intrigada. Primeiro, por ele estar deixando o epicentro das grandes inovações. Segundo, que nome é esse? Peixe Urbano? Nunca tive intimidade para fazer essa pergunta, apenas desejei boa sorte e o apresentei a amigas da imprensa local. Aquele foi o ano em que me tornei mãe, por isso me desconectei das informações 24 horas por dia, as quais antes faziam parte da minha vida. Ainda assim eu sabia, por alto e de longe, que o Peixe Urbano estava "bombando", para usar uma palavra do Julio.

Na conversa no Balada, Julio contou um pouco de sua jornada. Àquela altura, eu desconhecia o impacto que o Peixe teve na vida de tanta gente. Eu estava apenas entrando na ponta do pé, por meio de entrevistas e lendo a primeira parte do "Estudo de Caso" elaborado por um professor de Stanford. De repente, fomos interrompidos no Balada. Coincidentemente, entrou um dos mais antigos parceiros (nome dado aos donos de estabelecimentos que anunciam ofertas para vendas de cupons no site) do Peixe. Sem qualquer filtro, o tal parceiro chegou perto da nossa mesa e descascou abacaxis em cima do Julio. Coloquei o gravador em pausa.

O empresário fez algumas reclamações e contou que realocou suas ofertas para o site da concorrência. Fiquei branca. Julio continuou calmo, apenas escutando. Ele não se alterou, não levantou a voz. Trocou algumas palavras com o ex-parceiro e continuou a entrevista. Sua reação não foi de desdém. Ele apenas prestou atenção e respondeu calmamente. Além de admirar a sua postura, aprendi ali que a história do Peixe seria bem mais ampla e apimentada do que eu vislumbrava. Realmente eu não fazia ideia da montanha-russa que me esperava. Nos quatro primeiros anos de existência, de 2010 a 2014, a empresa passou por altos, muitos altos, e baixos, muitos baixos. Nada foi mais ou menos. Nada foi morno. A palavra intensidade talvez nem faça jus aos capítulos a seguir. Sim, o Peixe continua firme e financeiramente mais saudável do que era no pico de sua popularidade.

Abrir qualquer negócio no Brasil não é coisa para principiantes, sobretudo quando se constrói algo jamais visto, quando não há lei que se aplique ou cultura de consumo para o que se vende. No caso dos três fundadores do Peixe – Julio Vasconcellos, Alex Tabor (atual CEO) e Emerson Andrade – não foi diferente. Assim como o trio, muitos entrevistados têm vida acadêmica e profissional nos Estados Unidos, e sublinham o abismo entre empreender no Brasil e empreender nos Estados Unidos. Qual é a maior diferença? Os americanos gostam de falhas. Celebram o fato de que você tentou, caiu, tentou de novo, apertou alguns parafusos e, aí sim, chegou aonde almejava. Isso se chama "to fail up", ou falhar para cima; não existe crescimento sem erros, sem tentativas, sem quebrar a cara. Paralelamente, na cultura brasileira, falha é sinônimo de derrota, de fracasso, de perda. O Peixe é um exemplo de "fail up". Trata-se de um time que se divertiu muito, trabalhou mais ainda, não dormiu quase nada e passou por chacoalhadas que dizem respeito ao modelo de negócios, à realidade do mercado, ao cenário Brasil, à pressão de investidores e ao crescimento meteórico que veio com a bolha do próprio sucesso. Não havia como ser diferente. Sem dúvida, esse time abriu diversas trilhas para quem veio depois – o aprendizado foi imenso.

O conteúdo destas páginas é baseado primeiramente em entrevistas concedidas a mim, pessoalmente, no Rio de Janeiro, São Paulo, Nova York e também por Skype. Acredito que todos os relatos foram dados em boa-fé, a favor de uma boa história. No início recebi ajuda de Letícia Leite, então assessora de comunicação da empresa, que me apresentou ao Peixe e a alguns personagens. O livro foi crescendo como bolo no forno e tornou-se independente – novos personagens pipocaram a partir de pesquisas e nomes que surgiram repetitivamente em entrevistas. Além das entrevistas, retirei informações relevantes de inúmeras reportagens em veículos brasileiros e estrangeiros. O manuscrito não foi lido por integrantes do Peixe.

A empresa chegou a 1.150 funcionários, espalhados pelo Brasil e por outros países latinos. Seria inviável conversar com todos, mas dispus de uma boa amostra, anedotas e relatos ricos em detalhes. Ao longo de dois anos, esses relatos foram se encaixando como peças de um imenso quebra-cabeça.

Para quem sempre achou que tudo isso daria um livro, aqui está o resultado. Espero que ele traga boas memórias aos que nadaram nesse aquário, mas, principalmente, que compartilhe lições e inspire novos empreendedores a continuarem apostando neste imenso oceano chamado Brasil. Bom mergulho a todos.

■ ■ ■ ■

CAPÍTULO 1

Um centavo

Página temporariamente fora do mar.
Querido cardume, nosso site está enfrentando pequenas ondas de instabilidade. Mas já estamos agitando as barbatanas e mexendo as nadadeiras para que você continue aproveitando sempre as melhores ofertas da sua cidade.

Chope, sushis, hambúrgueres. Tudo por um centavo. Foi dessa forma que no dia 31 de março de 2011 a destemida equipe do Peixe Urbano assoprou a velinha do primeiro aniversário de vida. Não à toa, o sistema foi pelos ares. Ou pelos mares. O dia marcava 12 meses de estrondoso sucesso de uma startup totalmente brasileira, com um modelo de negócio inédito no país e um cadastro com mais de 5 milhões de usuários espalhados por 30 cidades, uma média de 600 mil cupons vendidos por mês. O Brasil somava 80 milhões de internautas, aquele era o auge das "compras coletivas" e o nome Peixe Urbano já era sinônimo de categoria. Aboletados no escritório, em um sobrado do bairro carioca de Botafogo, dormir era uma remota opção para os três engenheiros de software da equipe. Liderados pelo incansável Alex Tabor, um dos fundadores do

Peixe, eles viraram do avesso toda a infraestrutura do site e do servidor para aguentar o tráfego monumental.

Quatro meses antes, o rei da mídia nacional, Luciano Huck, havia entrado no negócio como sócio minoritário – foi ele quem deu a ideia da promoção de um centavo. Inicialmente, ela entraria no ar no dia seguinte, no Dia da Mentira, em 1º de abril: "Ofertas tão boas que parecem mentira". O time de vendedores do Peixe conseguiu convencer restaurantes, lanchonetes, clínicas de estética e outros serviços a, praticamente, doarem um ou mais itens de suas listas. A promessa era atrair milhares de pessoas aos estabelecimentos. Uma vez ali, a equipe do Peixe alegava que o usuário não iria consumir apenas o item anunciado por um centavo, mas também mais uma sobremesa, mais um temaki, mais um hambúrguer, beber mais um chope, ou optar por mais um corte de cabelo.

No entanto, alguém cogitou que o maior concorrente do Peixe, o Groupon, já estava sabendo da iniciativa, então eles resolveram antecipar a novidade em um dia. Em troca daquelas ofertas, o Peixe queria adquirir o máximo de informação sobre cada cliente, perguntando sobre localização, sexo e outros dados sobre cada um. E como a tal promoção foi uma ideia de última hora, eles tiveram três dias para programar tecnicamente todos os detalhes. Nem tudo estava pronto quando as promoções foram ao ar. Ao mesmo tempo, já se instalava um bolão de apostas de quanto tempo o site iria sustentar a enchente de acessos. Julio Vasconcellos, cofundador e CEO do Peixe, então com 28 anos, apostou que seriam duas horas. Mas até ele errou.

À meia-noite, Letícia Leite, responsável pela comunicação da empresa, enviou um torpedo para Luciano, avisando: "As promoções já estão no ar, dê uma olhada". Imediatamente, Luciano colocou uma frase no Twitter para os seus milhões de seguidores: "Tudo no Peixe Urbano por um centavo". Os 29 caracteres foram suficientes para o site despencar. Em minutos, o Peixe Urbano virou o "trending topic" número um no Twitter, e assim permaneceu pelas 48 horas seguintes. Algumas pessoas vibravam com *brownies* por um centavo em sua cidade, outras reclamavam porque onde moravam ainda não estavam vendo promoção alguma. Não faltaram insultos nem palavrões. Ninguém no escritório esperava por tal pesadelo. Alguém perguntou: "O que houve?". Logo veio a resposta: "O Luciano tuitou". Os engenheiros fizeram malabarismo para trazer o site de volta. Mas a notícia viralizou de forma meteórica; não havia tecnologia naquele momento que segurasse a multidão. Letícia e Pedro Kranz Costa, o PK, redator de mídia social, mantinham os usuários informados permanentemente, via Twitter e Facebook, sobre a situação. Ao acessar o endereço, os internautas deparavam com a mensagem criada por PK.

A equipe virou a noite. Às três da manhã o tráfego abrandou. Logo cedo, Bruna, uma estagiária que ajudava no controle da participação de mercado, apareceu no escritório. Ela era estudante da PUC e normalmente só chegava à tarde, ao sair da faculdade. Perguntaram o que ela fazia por ali. Bruna respondeu: "A aula foi cancelada. Quando alguém espalhou a notícia da promoção do Peixe, todos levantaram e deixaram a sala de aula, até o professor resolveu checar o site".

A equipe se entreolhou e engoliu em seco. Era preciso se preparar para o que estava por vir. As reações, positivas e negativas, continuavam a borbulhar na mídia social. Com cara de sono e olheiras profundas, Julio levou um vídeo ao ar, via Facebook, anunciando que a promoção se estenderia por mais um dia, para compensar a pane no sistema. Naquelas 48 horas, o Peixe Urbano vendeu mais de 1 milhão de cupons. O saldo para os heróis da tecnologia foi de três noites viradas e quatro dias consecutivos sem sair do escritório.

■ ■ ■ ■

CAPÍTULO 2

Brasil, a bola da vez

Em 12 de novembro de 2009, chegava às bancas do globo terrestre a emblemática capa da revista britânica *The Economist*: "Brazil takes off". A fotomontagem mostrava o Cristo Redentor decolando de sua base, no topo da montanha, como se fosse um foguete. O texto da mais importante revista britânica ressaltava que, "de alguma forma, o Brasil faz sombra nos outros países do BRIC. Ao contrário da China, o Brasil é uma democracia. Ao contrário da Índia, o país não tem rebeldes, não tem conflitos religiosos ou étnicos, tampouco vizinhos hostis. E, ao contrário da Rússia, o Brasil exporta mais do que petróleo e armas, além de tratar investidores estrangeiros com respeito". Imerso no Vale do Silício desde 2005 e observando todo o burburinho de longe, Julio Vasconcellos não cansava de ouvir de investidores internacionais frases como: "O Brasil é a bola da vez. Vamos lá, é a nova China!". Alguns ganharam rios de dinheiro com o *boom* chinês, outros deixaram o bonde passar. E todos estavam de olho na próxima oportunidade.

No cenário da Internet, o Brasil de 2009 e 2010 era o espelho do que os Estados Unidos tinham vivido entre 2003 e 2005. Apenas 30% de uma população de 200 milhões de brasileiros acessava a rede. Atualmente esse número representa 100 milhões, ou 50% dos habitantes. Em 2009, a penetração de banda larga era baixíssima, algo entre 20% e 30%. O acesso a e-commerce ainda era menor: não passava de 25%, ou seja, 15 milhões a 20 milhões de internautas já tinham feito pelo menos uma compra on-line em algum momento da vida. O Facebook no Brasil tinha uma presença ínfima, comparado aos 35 milhões de usuários da rede social Orkut. Havia os grandes portais, como UOL, Globo.com, Terra e IG, ainda usados em grande parte para informação e jogos. No entanto, em 2007, o portal de comércio eletrônico Mercado Livre brindava seu IPO, algo bem recebido na época. Em 2009, o site Buscapé, que compara preços de produtos, foi vendido para o grupo de mídia sul-africano Naspers por 342 milhões de dólares. Para os padrões americanos não significava uma saída grandiosa, mas a venda trouxe os investidores de volta para a Internet do Brasil. E era bem ali que Julio estava.

Calmo e bastante discreto, Julio nasceu em Ottawa, no Canadá, em dezembro de 1980. Filho de pai diplomata, ele tinha apenas 2 anos quando sua família se mudou para o Peru. Eles viveram no país por três anos, e quando Julio tinha cinco eles voltaram para Brasília. Mas a estada também durou pouco. Aos 10 anos, Julio passou a viver em Washington, capital americana, onde ingressou na quinta série. Pulou a oitava e voltou para o Canadá, onde cursou da nona à décima primeira. A família retornou a Brasília, onde ele seguiu para a décima segunda série e concluiu o high school (nosso ensino médio)na Escola Americana. Seu objetivo era seguir em alguma faculdade canadense ou americana. Aos 17 anos, então, ele retornou aos Estados Unidos sozinho, tornando-se um calouro da Wharton School, uma das faculdades de negócios de maior prestígio da Universidade da Pensilvânia, onde estudou Finanças, Gestão e Marketing. Nos quatro anos de curso, Julio ainda teve a oportunidade de estagiar durante as férias de verão na Monitor, empresa de consultoria em Nova York, que o contratou assim que ele se formou, em 2002, aos 21 anos.

Durante os três anos em que atuou como consultor, Julio absorveu o que podia das empresas clientes. Sua meta era, um dia, tocar o seu próprio negócio: "Consultoria era um bom caminho para isso. Você pode trabalhar em várias indústrias, como se o aprendizado fosse uma extensão da faculdade. No entanto, percebi que aquele não era o melhor caminho para tornar-se um empreendedor, porque você nunca coloca a mão na massa".

Seu próximo passo, quase que natural para pessoas de sua área, foi seguir com um mestrado em Administração de Empresas. Julio escolheu a Califórnia para fugir do frio de Nova York e testar as águas em tecnologia: para isso, não há lugar melhor do que a Graduate School of Business (GSB) da Universidade Stanford. Em setembro de 2005, ele abria mais um capítulo em sua vida. Logo na primeira semana em Stanford, Julio participou de um jantar para estudantes latinos, quando conheceu uma boliviana loira de olhos azuis. Aluna exemplar desde pequena, ela estava ali para fazer o mesmo curso. Nome dela: Irit Epelbaum.

De origem judaica e fala doce, seu nome significa lírio na língua hebraica. Naquela noite eles voltaram no mesmo carro, com uma colega carioca que Irit acabara de conhecer. Julio e Irit passaram a estudar juntos, fazer projeto juntos e correr juntos. Nascida e criada em La Paz, ela deixou a cidade depois de se formar no colegial. Mudou-se para os Estados Unidos, para estudar na Universidade Yale – quatro anos mais tarde seguiu para Nova York com o namorado de uma década, para ingressar em uma empresa de consultoria econômica. Duas semanas após sua mudança aconteceu o atentado às Torres Gêmeas. Era setembro de 2001. Na época, a bolha da Internet acabara de estourar, e muitos clientes de Irit eram startups de tecnologia que não tinham dado certo. Segundo ela, a consultoria agia como um time de médicos: eles eram chamados para a cena do crime para analisar a *causa mortis* de cada startup. A experiência teve um grande impacto em sua vida profissional: ela foi mordida pelo mosquito da tecnologia e quis aprender mais. Por isso, escolheu Stanford para cursar seu MBA.

Por dois anos, Julio navegou pelo campus e biblioteca de uma faculdade onde o empreendedorismo e a criação de algo "disruptivo" para a sociedade corre nas veias de quase todos seus estudantes. Naquela região respira-se Apple, Facebook, Google, Uber, Yahoo e Airbnb. É um parque de diversões de inventores, engenheiros, programadores e visionários. Rodeados por investidores de capital de risco e inseridos em uma economia que impulsiona novas ideias, quando acertam no bingo eles ganham milhões, bilhões de dólares por terem criado e escalado "the next big thing". Quem não acerta, pelo menos tentou e aprendeu o caminho. Não à toa, o Vale do Silício tornou-se um dos metros quadrados mais caros dos Estados Unidos e tema de um seriado cômico, o *Silicon Valley*, do canal HBO.

É uma cultura que também merece roteiristas hilários e colunas, como uma que entrou para a história assinada pelo autor americano Dan Lyons, especializado em startups, publicada no *The New York Times* em abril de 2017. Lyons conta sobre a "bro culture", ou a cultura do "bro", abreviação de "brother", no sentido de amigo de fé. Um amigo investe na empresa do outro, sem despejar ali muito conhecimento. Ou seja, CEOs jovens, rodeados de admiradores, financiados por investidores da mesma idade e com o mesmo grau de experiência de vida. São, em alguns casos, CEOs que, segundo Lyons, "sabem levantar dinheiro mais do que fazer dinheiro". Eles não são poucos, e alguns até dão certo. Mas Lyons cita o exemplo da Uber, empresa que chegou a ser avaliada em 69 bilhões de dólares antes de despencar em queda livre. De qualquer forma, o poder do setor é tal que, em dezembro de 2016, na quinta semana como presidente eleito, Donald Trump reuniu-se em sua cobertura nova-iorquina com as cabeças mais importantes da indústria de tecnologia. Ele enfatizou sua ajuda ao mercado, mesmo sabendo que poucos votos, ou talvez nenhum, tinham vindo dos executivos ao redor daquela mesa.

Stanford serviu como um laboratório de experimentos. Julio e seu colega Matt Wyndowe começaram um podcast, por meio do qual eles entrevistavam grandes nomes. Entre eles, Eric Schmidt, então CEO do Google, e Vinod Khosla, cofundador da Sun Microsystem. O projeto tornou-se o mais relevante podcast internacional sobre empreendedorismo e inovação. Eles não pararam por aí; criaram um modelo em que professores conseguiam monetizar seus planos de lição vendendo para outros professores. Os colegas de turma reconheciam no Julio o carisma, ética e capacidade de "fazer muito com pouco". Alguns notavam que ele dormia pouco e não esquecem seu poder de persuasão.

No primeiro verão do MBA, quando os alunos aproveitam os dois meses de intervalo para trabalhar em empresas da área, Irit estagiou no Google. Era julho de 2005, férias de verão – Julio estava morando com sua irmã, Paula, que estava a trabalho em São Francisco, vinda de Nova York. Como ela vivia em um apartamento pago pela empresa em que trabalhava, Julio não pestanejou: "Ah, Paula, vou morar com você. Durmo aqui de graça, cozinho e ficamos assim". Dessa forma, Paula conheceu os amigos da faculdade do irmão e passou a namorar um deles – um mexicano chamado Pedro Rivas. Pedro, Paula, Julio e Irit acabaram formando um quarteto. No final desse verão, Irit terminou o relacionamento com o namorado. A partir daí, Julio ficou ainda mais próximo dela. Um dia, a amizade virou namoro.

∎ ∎ ∎ ∎

CAPÍTULO 3

Alex Tabor

Ao se formar, em 2007, Julio ingressou na startup The Experience Project (atual Kanjoya), que construía comunidades em que usuários compartilham suas experiências anonimamente, conectando-se com pessoas de vivências similares. Por três anos ele vestiu diferentes chapéus: de gerente de produto a marketing on-line. Irit, por sua vez, também ingressou no mercado de tecnologia em São Francisco. A vida californiana ia de vento em popa para ambos. No entanto, dois anos mais tarde, Julio confessou a Irit que estava cansado de viver ali. Ele queria voltar para o Brasil, queria empreender em tecnologia, mas não sabia ao certo como fazer.

Apesar de crescente, Julio sabia que o setor de Internet no Brasil era pequeno se comparado ao norte-americano. Por exemplo, enquanto uma startup de comércio eletrônico dedicada a produtos de bebês pode se tornar uma empresa de 1 bilhão de dólares nos Estados Unidos, no Brasil não havia clientela suficiente para negócios de nicho. Até aquele ano, poucos brasileiros tinham efetuado compras on-line. Ao mesmo tempo, a banda larga começava a se espalhar pelo país, assim como o poder de aquisição de telefones celulares e adoção de tecnologia. Algo novo estava começando no país.

Julio tinha que partir de algum lugar. Uma de suas qualidades é assumir que não domina todas as áreas, por isso procura gente habilitada para fazer aquilo que não sabe. Ele é bom em negócios e marketing, mas jamais poderia montar uma empresa de Internet e tecnologia sem um sócio conhecedor do assunto. "Este é um erro recorrente no exterior, e ainda mais no Brasil: acham que é suficiente contratar um programador e terceirizar o resto com mão de obra na Índia. Se a base do seu negócio é a tecnologia, é imprescindível ter gente dessa área dentro da empresa. Sozinho, com o meu conhecimento básico de programação de site, eu não conseguiria engrenar. Há decisões técnicas que sou incapaz de fazer."

Dito isso, Julio foi em busca do Alexander Tabor, o Alex. Os dois se conheceram em 2004, durante um voo entre São Francisco e Rio de Janeiro – algo que pode durar de 16 a 19 horas, dependendo da imprescindível conexão. Julio vivia em Stanford, e Alex no Rio – ele estava nos Estados Unidos para visitar um cliente em Los Angeles. Sentaram lado a lado. Alex puxou papo, perguntando se ele gostava de revista de automóveis, mas Julio não deu bola – queria dormir. Então Alex abriu seu laptop. Sem dormir, Julio passou a espiar o que o vizinho tanto digitava. Desconfiou que ele fosse um programador. Julio rendeu-se ao papo, tirou até algumas dúvidas, e dali nasceu uma grande amizade.

Nascido nos Estados Unidos, Alex passou a primeira infância em Hartford, Connecticut, mas, por causa do trabalho do pai, aos 6 anos vivia em Islamabad, no Paquistão. Foi lá, já nessa idade, que Alex aprendeu a programar e a escrever ao mesmo tempo. Na segunda série, já tinha aula de computação na escola. Calmo e de personalidade doce, ao conversar com ele navega-se pela pré-história da Internet, passando pela era paleolítica que precede o Mosaic, *browser* que surgiu ainda antes do Netscape. Além da paixão por inovação, Alex e Julio compartilhavam outra característica: ambos pertencem à chamada "terceira cultura" – crianças que crescem mudando de país, navegam bem por diferentes culturas, e não sabem muito bem à qual, de fato, pertencem. A mãe do Alex é paulistana. Seu pai, americano, trabalhava para a U.S. Agency for International Development (Agência de Desenvolvimento Internacional dos Estados Unidos). Além do Paquistão, a profissão do pai levou Alex a morar na Índia e na Indonésia, sempre estudando em escolas americanas. Em 1986 ele já tinha aula extracurricular de programação, algo bastante incomum na época. Em todos esses países, Alex experimentou diferentes tecnologias.

Seu caminho não seria outro, além de culminar em uma sala de aula de Ciências da Computação na University of Southern California, onde ele virava as noites programando, mas também se divertia. Seus olhos claros e cabelos castanhos eram uma raridade na turma – a maior parte de seus colegas era de origem asiática. Naquela época, ele via as empresas de Internet serem vendidas e seus fundadores se tornarem milionários; era uma festa. Mas anos depois, antes de sua formatura, a realidade era outra: muitas empresas tinham falido, havia uma ressaca de investimentos, pouco capital de risco e escassa demanda para engenheiros de software. Ele passou a focar mais em suas notas, porque sabia que ao deixar a faculdade a competição seria acirrada. Alex chegou a criar uma plataforma para a universidade, em que os alunos podiam comprar e vender livros usados. O site funcionou bem, mas não decolou por falta de volume – ele vendeu o negócio para a associação de alunos.

Ao deixar a faculdade, Alex aportou no Brasil – o dólar valia o triplo do real, o que lhe possibilitou criar uma empresa com engenheiros brasileiros que prestassem serviços para os Estados Unidos. A Índia ainda era o país de menor custo para isso, mas o Brasil levava vantagem em duas frentes: o fuso horário e a cultura, um pouco mais parecida com a dos clientes. Ele mudou-se para a casa da mãe, uma fase de readaptação depois de viver sozinho na faculdade, e foi captar clientes americanos para fornecer serviços. Foi em um desses voos que ele sentou ao lado de Julio. Àquela altura, Alex já manejava sua empresa de desenvolvimento de software havia mais de cinco anos. Julio e Alex passaram a criar alguns projetos de aplicativos juntos, aproveitando a valiosa rede de engenheiros formada por Alex. Mais que isso, Julio via em Alex um grande amigo e um expoente em tecnologia.

A experiência de Alex era tão vasta que ele já tinha trabalhado com todas as tecnologias disponíveis na época, incluindo sites e plataformas móveis; ele conhecia todos os tipos de demandas, redes sociais e escalas. Aprendeu as técnicas de envio de e-mails em massa, os diferentes algoritmos que isso envolve, e aprendeu também a conversar com investidores de grande porte. Quando Julio lhe confessou a vontade de voltar ao Brasil, Alex era engenheiro de software em uma startup chamada Power Ventures, que servia 15 milhões de usuários. Julio sabia que a empresa de Alex estava bem, mas não se intimidou. Ele escreveu uma mensagem anunciando sua volta dali a alguns meses e convidando Alex para criar algo em conjunto. [Quando o Peixe nasceu, os três melhores de sua rede de programadores embarcariam na empreitada num piscar de olhos.]

Alex já vislumbrava, pilotar seu próprio negócio, então deixou a Power Ventures no final de 2008 para dar uma pausa. Em meados de 2009, ele criou um aplicativo chamado Chess.com, por meio do qual pode-se jogar xadrez em vários níveis. Foi quando Julio entrou em campo, e eles deram início a um *brainstorm* listando cinco possíveis negócios. Eles consideraram tamanho, potencial, rapidez para testar a viabilidade e custo de desenvolvimento. Sob esses critérios, sobraram duas possibilidades: a primeira seria um portal de buscas de prestadores de serviços locais, como bombeiros, eletricistas, advogados, profissionais autônomos; a segunda seria de compras coletivas. Todas as ideias utilizariam tecnologia já existente internacionalmente para criar algo inédito no Brasil. No caso de compras coletivas, estavam disponíveis softwares de criação de website, de compras por cartão de crédito e de envio de e-mail. Alex já havia trabalhado com tudo isso e estava acostumado com empresas que escalam. Em suma, ele estava pronto para uma nova empreitada. Julio enviou questionários a amigos de confiança, porém entendeu que o site de prestadores de serviços não vingaria no Brasil – na cultura local, esses profissionais costumam ser indicados por amigos e família, e não por estranhos.

■ ■ ■ ■

CAPÍTULO 4

Compras coletivas

Antes de bater o martelo em compras coletivas, Julio pensou em diferentes possibilidades, partindo de uma pergunta: "Quais são as maiores empresas de Internet do mundo?". O mercado de busca já era dominado pelo Google. O mundo das redes sociais já era tomado pelo Facebook. Mas havia ainda um terceiro mercado: o chamado "local", ou seja, serviços locais do mundo real. Ao olhar de novo para a realidade americana, ele analisou empresas virtuais desse ramo, como Yelp, que reúne críticas de usuários sobre estabelecimentos e serviços; o Open Table, que faz reservas de restaurantes em diversas cidades dos Estados Unidos; o Four Square, que indica onde o usuário está em tempo real. Julio resolveu, então, colocar a lupa em cerca de dez empresas de serviços locais de extremo sucesso, de capital aberto e valendo alguns bilhões de dólares.

Eram negócios que não competiam entre si – eles se complementavam. Se no Yelp o usuário gostasse das críticas sobre um restaurante, ele podia fazer sua reserva via Open Table. Em um mercado supercompetitivo como o dos Estados Unidos, cada uma dessas empresas sabia que não vingaria caso se comprometesse a fazer de tudo. Cada uma optou em ser excelente em uma só tarefa: uma de reservas, outra de críticas, outra de entrega de comidas. O usuário tem de visitá-los separadamente para percorrer o caminho que começa com a informação e termina com a compra. No entanto, parcerias começaram a surgir entre esses diferentes sites – hoje o usuário lê uma crítica de restaurante no Yelp e é direcionado ao Open Table, onde pode fazer uma reserva. O Zagat também funciona nesses moldes. A marca – líder entre os guias de restaurantes impressos –, sediada em Nova York, foi comprada pelo Google, que propôs colocar seu conteúdo on-line e disponibilizá-lo gratuitamente. Deu certo.

No Brasil não existia nada similar a esses negócios. Julio chegaria nesse deserto focado em criar um site que ofereceria um único serviço local e, ao longo do tempo, transformaria o site em um *marketplace*: um só destino para diversos serviços, funcionando como uma ponte entre a web e o mundo físico. É o que se chama de O2O: on-line to off-line. Com um clique, o usuário poderia ler as críticas sobre um restaurante, reservar uma mesa, conseguir um cupom de desconto ou pedir comida em domicílio. Julio questionava a melhor estratégia de entrar nesse mercado. Seria melhor dominar uma fatia e depois começar a integrar de forma vertical? Ou seria melhor fazer um portal de serviços locais? Enquanto ele indagava a forma, já havia uma certeza: ele queria montar um serviço que ajudasse o usuário a descobrir o que a sua cidade tinha de melhor, e levá-lo a tomar aquele primeiro passo para sair da frente do computador e ter uma experiência positiva no mundo real. O slogan seria: "Explorando a cidade".

Ao analisar de perto o segmento de cupons on-line, Julio passou a prestar atenção no Groupon, startup de compras coletivas sediada em Chicago que liderava o mercado norte-americano. Para o site funcionar, era preciso ter uma base grande de usuários, milhares de pessoas buscando promoções em seus bairros ou cidades. Também era crucial criar uma base do que eles chamam de "parceiros": estabelecimentos comerciais que gostariam de fincar bandeira no mundo virtual. Empresas que reconhecem a importância da tecnologia e da Internet para serem descobertas e captarem novos clientes. Era preciso ter esses dois lados do mercado presentes no site para fazer a engrenagem funcionar.

O modelo do Groupon crescia muito rápido pela avidez que o público tem por ofertas. Dessa forma, tornava-se viável conversar com restaurantes, salões de beleza, teatros, parques de diversões ou hotéis que quisessem captar novos clientes e faturar mais para desenvolver seus negócios. Trata-se de um modelo que se consegue fazer com pouco caixa por ser "viral": um usuário comprava um cupom de oferta, mas nunca ia jantar sozinho. No entanto, a empolgação ofuscava algo que poderia incomodar no futuro: o desafio de manter o alto nível de atendimento quando cem clientes passam a ser mil em questão de dias.

O Groupon nasceu nos Estados Unidos em 2008, demonstrando grande potencial e gerando benefícios tanto para os usuários quanto para as empresas. Andrew Mason, criador da obra, sabia onde estava pisando. O nome Groupon soa estranho, mas é a junção de Group e Cupon (grupo e cupom): a oferta só funcionaria se fosse comprada por um número mínimo de pessoas. Julio não estava errado ao se inspirar naquele modelo. Em agosto de 2010, Mason figuraria sozinho na capa da revista *Forbes*, acompanhado do título: "O próximo fenômeno da web". O artigo contava detalhadamente como o Groupon se transformou "na empresa de maior crescimento na história da Internet". O jornalista Christopher Steiner, autor da matéria, ressaltou que Mason, um garotão tranquilo de 29 anos, diplomado em Música pela Universidade Northwestern, criou uma empresa que representava exatamente o que a Internet deveria ser: vendas gigantescas, lucro fácil e conexão sólida entre pequenos negócios e consumidores on-line.

Somava-se ali outra vantagem: cupons fazem parte da cultura do consumidor americano desde a época em que se recortavam ofertas de revistas, jornais e embalagens de cereais e guardavam-se todas em caixinhas especiais. Dessa vez era diferente: para ativar uma oferta off-line, era preciso haver um grupo de internautas comprando cupons dentro de um limitado número de horas. Com razão, o artigo compara esse modelo ao perfeito casamento entre venda via cupons com o frenesi da Black Friday, nos Estados Unidos, dia de descontos nacionais, em que consumidores desesperados buscam abocanhar o máximo por menos. Para o anunciante, dinheiro não seria um atrativo, afinal, além do imenso desconto, o dinheiro que entrasse ainda seria dividido pela metade com o Groupon. Então, qual era a isca? A exposição e o boca a boca com custo zero aos, então, 13 milhões de usuários, que se deparavam com as ofertas via anúncios no Google e no Facebook, além de e-mails disparados para suas caixas de entrada.

■ ■ ■ ■

Julio convocou um amigo do MBA, o paulistano Mike Krieger, para testar essa ideia. Eles gostavam do aspecto da ativação da oferta: com um número mínimo de compradores, um amigo chamaria outro e o negócio cresceria de forma viral e exponencial. Quando dão certo, as ofertas começam vendendo um cupom, dois, três, vinte, duzentos, mil. Dessa forma, não há muita necessidade de investir em marketing ou divulgação (além das ferramentas on-line de busca e rede social), isso é feito pelo próprio cliente. Julio e Mike viam crescimento rápido em base de usuários e de estabelecimentos. Uma vez que esses dois lados estivessem conquistados, eles almejavam ir além, acoplando o mecanismo de reserva, entregas em domicílio e críticas de usuários. Pensar pequeno não é a praia do Julio – essa foi a visão de negócios desde o começo.

Aos poucos, Julio foi agregando mais pessoas conhecidas. Uma delas foi Letícia Leite, uma carioca com quem ele tinha estudado na Universidade da Pensilvânia. Ela morava em São Francisco havia nove meses, onde seu noivo italiano seguia uma sólida carreira em hotelaria. Sem emprego na cidade, ela participava de ligas de futebol enquanto pesquisava opções de trabalho – o mercado estava em maré baixa depois da crise de 2008. Com calma, ela esperava o mercado reaquecer, em vez de agarrar qualquer proposta. Seu currículo era robusto, incluindo empresas como a Visa, onde trabalhou no Departamento de Comunicações e Relações Públicas. Julio sabia que comunicação seria um dos pilares para alavancar o seu possível negócio. Julio chamou Letícia para almoçar e disse: "Olha, já que não está trabalhando, por que você não me ajuda a lançar a empresa?". A expressão "lançar a empresa" significava fazer de tudo: escrever os textos do site, fechar as primeiras ofertas, contratar as primeiras pessoas, e até criar um nome. Em suma, tirar a empresa do papel. "Eu te contrato por um ou dois meses, e se a gente perceber que realmente o negócio está dando certo, ou se pelo menos mostrar que tem potencial, volto para o Brasil e toco a empresa." Letícia topou. A ideia era ajudar o Julio naquela fase, e depois partir para um emprego de verdade.

Outros amigos foram aparecendo. Rodolpho Gurgel, por exemplo, ressurgiu da infância. Extrovertido e falante, Rodolpho estudou com Julio na Escola Americana de Brasília. Depois da escola, os dois perderam o contato. Apesar de ter cursado Direito, por ter vindo de uma família de advogados, juízes e diplomatas, Rodolpho sempre foi vidrado em tecnologia. Em um belo dia, já vivendo em São Paulo, ele viu um assunto que lhe interessou no Twitter e clicou no link: era um podcast que trazia um bate-papo. Rodolpho resolveu seguir aquele podcast. Na época, ele trabalhava em empresas de tecnologia de escala no mundo corporativo, unindo clientes a produtos financeiros. Era bem-sucedido, mas não estava 100% feliz. Dois meses mais tarde, escutando o tal podcast, a ficha caiu. Aquela voz era do Julio. Os dois se reconectaram via Twitter. Mas o universo de startups também o fascinava. A distância, Julio contou seus planos a Rodolpho, pediu dicas e indicações do universo jurídico para alavancar o novo negócio. Julio também buscava alguém para revisar seus textos; depois de tantos anos morando fora, seu português escrito não estava tão afiado e ele estava prestes a assinar um blog no jornal *O Globo*, chamado "Acelerando a inovação".

■ ■ ■ ■

Orangotango azul

Em dezembro de 2009, Julio foi para o Brasil sem a Irit passar o Natal e Ano Novo. Letícia foi na mesma época, para as festas de fim de ano com a família. No Rio, Julio apresentou as duas opções para a Letícia: serviços locais e compras coletivas. Ela gostou mais da segunda – o resultado das pesquisas, de fato, tinha apontado para aquela direção. Eles retornaram a São Francisco no começo de janeiro. Foi quando Julio disse a Irit que voltaria a morar no Rio de Janeiro. Eles namoravam havia dois anos e meio, e ela estava muito feliz na Califórnia – adorava o trabalho, as amigas, sua casa. Viver no Brasil soava algo remoto naquele momento. De qualquer forma, Julio prontamente organizou um café da manhã em casa para falar sobre o novo projeto. Ali estavam Irit, Letícia, Mike e mais algumas amigas de Stanford. O objetivo era achar um nome para esse novo negócio.

Julio ministrava aulas em Stanford sobre redes sociais, além de trabalhar na The Experience Project, por isso conhecia elementos que viralizam na Internet. Ele sabia que sites com nomes de animais acompanhados de alguma outra palavra davam samba. O site de pesquisas Survey Monkey é um exemplo. Era preciso que o nome fosse fácil de identificar – ele buscava algo fofo, mas que, ao mesmo tempo, remetesse ao modelo de negócios e tivesse domínio disponível na Internet. O *brainstorm* começou atirando para todos os lados: surgiram nomes como orangotango – mas este já tinha domínio registrado. Então passaram para Orangotango azul. Não vingou. Em seguida, eles focaram em animais que andam em grupo, dando ênfase às compras coletivas. Logo veio a ideia do peixe: um cardume navegando pela cidade. Todos gostaram do animal, mas precisavam de um segundo nome. Depois de horas matutando, exaustos, eles bateram o martelo em "Peixe Gordo".

Letícia deixou a reunião insatisfeita. "Peixe Gordo" não colava. Passou mais um dia pensando, até ter um estalo: "Peixe Urbano". Hoje o nome está embutido na cabeça dos usuários, mas, na época, Peixe Urbano soava estranho, estranhíssimo, para quem ouvisse pela primeira vez. Letícia acreditava que o nome tinha uma boa sonoridade, mas sabia que as chances de dar certo ou dar errado eram iguais. Certamente era um nome arriscado, mas embutia a noção de grupos explorando cidades. Ela ligou para o Julio e falou: "Peixe Urbano". Ele adorou: "É esse, pronto, fechou". O time mandou o nome para uma agência de design na Argentina para desenvolver o logotipo. Depois de diversas tentativas frustradas, os designers acertaram na mosca. O logo escolhido é um peixe cujas escamas são prédios remetendo a uma cidade, com as cores azul-marinho, preto e laranja, usado até hoje.

Em março de 2010, Julio pediu demissão da The Experience Project, e, já que ia para o Brasil, aceitou o convite de Javier Olivan, um colega de Stanford, para ser "Country Growth Manager" (Gerente de Crescimento no País) do Facebook no Brasil, área responsável pelo crescimento da base de usuários e que não brinca em serviço – em 2018, a rede tinha 2 bilhões de usuários mundialmente. Na época, o Facebook não tinha escritório ou executivos no país – Julio passaria a ser o rosto do Facebook, abrindo parcerias locais e criando o Peixe Urbano simultaneamente até onde fosse possível. Olivan não se incomodou: "Na metade de um dia, o Julio produz o quíntuplo do que um ser humano normal faz em um dia inteiro". Aquele não seria um trabalho de horário integral, mas agregaria valor. Ingressar no Brasil representando uma empresa do Vale do Silício lhe daria um cartão de visita excepcional para se conectar com os brasileiros – e manteria seus laços com empreendedores, investidores e engenheiros da Califórnia.

A única prioridade do Facebook era aumentar a base de usuários. Os executivos americanos falaram para o Julio, explicitamente, ignorar os anunciantes e outras fontes de receita. Chamath Palihapitiya, homem de confiança de Mark Zuckerberg, dirigia a área de crescimento e estabelecia metas. Ele pouco se importava com a forma e as horas de trabalho, mas queria ver resultados. Ou seja, representar a rede no Brasil não seria trabalho de bater cartão, ninguém monitoraria as horas do Julio. Mas ele tinha que entregar o que fosse pedido. Sua missão seria visitar grandes corporações de mídia, como as editoras Abril e Globo, telecomunicação e operadoras de celulares. O número de usuários brasileiros no Facebook não somavam 2 milhões. O trabalho de formiguinha era migrar os 35 milhões de aficionados do Orkut para a nova rede. Como? Via jogos, contas de e-mail e pequenas iniciativas que, aos poucos, triplicam o número de usuários por ano.

Mike Krieger, amigo que inicialmente havia embarcado na ideia do Peixe, abandonou o barco e foi criar sua história de sucesso mundial: juntou-se a outro amigo, Kevin Systrom, e juntos lançaram um aplicativo de fotos chamado Burbn. Algum tempo depois eles mudariam o modelo do aplicativo, rebatizando-o de Instagram. Letícia continuou morando em São Francisco. Naquele mesmo mês, Julio fez as malas e mudou-se para o Rio de Janeiro. Quando Irit foi deixar seu namorado no aeroporto, ela pensou: "Provavelmente nossa história não vai dar certo". Mas Julio tinha outros planos: ele embarcou com a certeza de que queria empreender, e jamais abandoná-la.

■ ■ ■ ■

CAPÍTULO 5

Investidores

Por mais que o Brasil estivesse na crista da onda, Julio sabia que um país em desenvolvimento desperta desconfiança em investidores estrangeiros. Por desconhecer o idioma e a cultura, há um medo constante de ser passado para trás. Até então, nenhum fundo de investimento estrangeiro havia apostado na Internet do Brasil. Mas, para investidores americanos, Julio simbolizava alguém com um caminho trilhado no Vale do Silício, com uma vantagem competitiva fenomenal no mercado brasileiro e com um modelo de negócios promissor em mãos.

Além disso, a experiência que o Julio e o Alex somavam na época era algo incomum no país – mesmo com a economia brasileira indo de vento em popa, a Internet era tão nova no país que desprovia de tempo e história para formar profissionais com o mesmo calibre da dupla. Essa combinação era sinônimo de confiança. "Demos muita sorte porque o dinheiro começou a chegar e chegou rápido", disse Julio. Não foi apenas sorte. Desde o começo, Julio almejava criar a primeira startup brasileira a abrir capital nos Estados Unidos e tornar o Peixe Urbano a maior empresa de serviços locais do país: uma empresa de 1 bilhão de dólares. Julio fala um inglês tal qual um nativo, com vocabulário de negócios e tecnologia. Ele usava a mesma terminologia dos investidores, estudou na mesma faculdade, tinha os mesmos amigos e era tão jovem quanto eles – garotões com menos de 30 anos, com dinheiro para fazer chover no sertão. Julio também é pontual. Chega antes da hora marcada, em almoços ou reuniões, e espera. Esse respeito pelo tempo do outro também é uma forma de falar a mesma língua.

A primeira rodada de investimentos não levou mais de uma semana. As ligações duravam quinze minutos ou meia hora, sem tempo para grandes apresentações. Julio atraiu investimentos de expoentes, como Dave Goldberg, fundador do Survey Monkey e marido de Sheryl Sandberg, a número dois do Facebook (Dave faleceu em 2015). Javier Olivan, o colega que contratou Julio para o Facebook (e hoje um dos principais executivos da empresa), investiu como anjo no Peixe e também trouxe a bordo Chamath Palihapitiya, que diz ter participado daquela e de todas as rodadas seguintes. Palihapitiya é investidor de risco. Nasceu no Sri Lanka, cresceu no Canadá e mudou-se para o Vale do Silício no ano 2000. Os mesmos executivos que contrataram o Julio para trabalhar no Facebook investiram na empresa que ele iria montar paralelamente.

Julio ligou para Chamath via Skype, uma de suas modalidades preferidas de comunicação, sentado no Starbucks do Botafogo Praia Shopping, no Rio. Durante a ligação, o microfone do computador do Julio captava todo o barulho ao redor. Do outro lado da linha, Palihapitiya falava no viva-voz, de seu escritório; além de não ouvir o que o Julio falava, a ligação caía o tempo todo. Julio ficou apreensivo. "Vou perder o investidor", pensava. Até que Palihapitiya disse: "Julio, não consigo ouvir, mas vou investir no seu negócio o máximo que você deixar. Ainda vou trazer todos os amigos que você precisar. Ligue mais tarde". Julio desligou o telefone, cheio de incertezas. No entanto, tratava-se de uma pessoa muito rica; segundo Julio, 1 milhão ou 100 mil dólares não faziam diferença para Palihapitiya. De fato, Palihapitiya investiu e ainda puxou dois investidores, um argentino e um venezuelano, com quem Julio se encontraria em um segundo momento.

Na época, existia apenas um fundo no Brasil dedicado a startups: a Monashees Capital, fundada em 2005, com um histórico de dois ou três investimentos. Julio conheceu a Monashees ainda em 2009, por meio de um de seus sócios, Carlo Dapuzzo, que tinha feito MBA em Stanford. Julio convidou seus fundadores, Eric Acher e Fábio Igel, para uma entrevista por telefone para publicar em seu blog sobre inovação. A conversa durou cerca de três horas; Eric explicou que seu fundo ainda estava em estágio inicial, e Julio contou sobre sua experiência. Eric ficou impressionado ao ver um jovem tão preparado e tão entranhado no mundo do Vale do Silício. "Julio, por que você não vem empreender no Brasil? Me liga. Eu adoraria investir no que você fizer", respondeu Eric. Cerca de quatro meses depois, Julio ligou. Eles se encontraram, e Julio lhe contou sobre o mercado de compras coletivas e o nome da empresa: Peixe Urbano.

A primeira reação de Eric foi pensar "De onde surgiu esse nome?". Mas ele já tinha aprendido, na prática, que não era bom em julgar nomes. Para ele, o nome pouco importa quando se cria um bom negócio. Na verdade, a Monashees já tinha mapeado esse setor, conhecia o Groupon, e gostou de ver o Peixe ser o pioneiro em território nacional. O investimento naquele time foi uma das decisões mais rápidas que a Monashees tomou até então. Não faltavam boas ideias em busca de investimento. A equipe de Eric tinha conversado com outros empreendedores de compras coletivas – e não tinha dúvida de que o Peixe era a startup mais sofisticada de 2010. A Monashees injetou capital na Rodada Semente, e alguns meses depois dividiu o investimento com a Benchmark Capital – esta foi a primeira colaboração entre um fundo brasileiro e um renomado fundo do Vale do Silício. Ambos têm o perfil de apostar mais nas pessoas do que nas propostas. Para a Monashees, que estava havia cinco anos desabrochando em um mercado brasileiro ainda não totalmente aquecido, o Peixe foi uma grande vitrine – a ajuda, no final, foi mútua.

Apesar de o investidor na América Latina e no Brasil ser visto como controlador da empresa, no mundo de *venture capital* e de tecnologia a dinâmica é outra: a empresa é do empreendedor. A participação do investidor é minoritária, mas o envolvimento é relevante. Eles sentam no Conselho e ajudam com discussões estratégicas, mas a gestão é do empreendedor. A Monashees tinha contato semanal ou, no mínimo, mensal com o Peixe, além de uma reunião mais longa a cada trimestre. Eric, que passou a ter em média 30 empresas no portfólio, aprecia empreendedores autoconfiantes, mas humildes o suficiente para pedir socorro. Ele vê no Julio alguém que usa bem seus investidores, com uma postura talvez importada do Vale do Silício. Ele sabe a hora certa de pedir ajuda ou agir com independência.

Um país antiempreendedor

A experiência profissional do Julio no Brasil, até então, era quase inexistente. Ele estagiou durante o período escolar em Brasília, antes de se mudar para os Estados Unidos, aos 17 anos. Retornou uma vez, fez estágio na Goodyear, em São Paulo, durante as férias americanas. Por mais adoração que o Julio tivesse pelo Brasil, era inegável que ele estava acostumado com a Califórnia, onde a casa é moldada para empreendedores. Para uma startup dar certo sob os padrões americanos – e dar certo significa crescer, atender a grandes escalas, fazer dinheiro – é preciso haver um ambiente de investimento de capital arrumado. Uma boa ideia e uma boa execução não são suficientes. No macroecossistema desse negócio há fatores externos que independem do empreendedor – e aí se inclui a desburocratização.

No Brasil, um empreendedor não encontra a casa arrumada. O próprio Peixe Urbano teria mais problemas se não tivesse aportado no país com investimentos de fora. Para entender a diferença de realidades, basta olhar para Israel, um país de apenas 8,5 milhões de habitantes, e hoje considerado o melhor lugar para se empreender, depois do Vale do Silício. A burocracia é baixa e 9,2% do PIB de Israel é investido em educação. O país tem 140 engenheiros para cada 10 mil habitantes, contra 85 nos Estados Unidos e 65 no Japão. A proximidade entre universidades e indústrias é igualmente notável: muitas vezes participam conjuntamente de iniciativas privadas. O Brasil, por sua vez, ficou em 125º lugar no ranking "Doing Business 2018" – relatório anual elaborado há quinze anos pelo Banco Mundial comparando regulamentações para empresas domésticas em 190 economias. Os Estados Unidos ocuparam o sexto lugar (em primeiro veio a Nova Zelândia, em último a Somália). Por outro lado, essa facilidade em abrir e capitanear empresas faz os americanos encararem uma maior concorrência. Como a barreira de entrada é pequena, quando alguém abre um negócio, logo vem outro com mais dinheiro e faz igual ou melhor. Julio sabe que o Brasil não é assim: "Escalar a primeira montanha é tão difícil que, quando se chega ao topo, o concorrente ainda está lá embaixo; mesmo fazendo um negócio 100% dentro dos conformes, um empreendedor está em um país onde dizem que nem o passado é certo, tudo pode mudar".

Sem nunca se alterar, Julio descreve: "No Brasil, as coisas são um pouquinho mais complicadas, tudo demora mais, é mais enrolado, mais lento. Mas são problemas com soluções conhecidas". Para ele, foi uma novidade pilotar uma empresa que depende de um exército de especialistas em legislação, impostos e processo de contratação; especialmente no caso do Peixe Urbano, que sempre quis fazer tudo dentro dos conformes; tratava-se de uma empresa que impreterivelmente seria auditada para, um dia, abrir capital em Bolsa de Valores. Julio acha um mistério descobrir o caminho das pedras sozinho. "Não há uma leitura clara da legislação, principalmente quando o assunto é startup de compras coletivas. Os advogados nem sabiam o que a gente fazia", conta Julio.

Não surpreende que apelidem o Brasil de "Anti-Entrepreneurial Country" (País Antiempreendedor). A legislação e burocracia brasileiras atropelam startups, especialmente para o modelo do Peixe. Surgiam perguntas como: Qual o seu faturamento? O que você considera receita? Em qual cidade fica a sede? Você vendeu algo que foi produzido no Rio para um consumidor que vive em Fortaleza, cujo pagamento foi processado em São Paulo, então em qual estado ocorreu a compra? Tudo era tão novo que algumas perguntas, de fato, ficavam sem resposta. A sede era no Rio de Janeiro e operava com filiais em São Paulo e em Belo Horizonte – o servidor fica nos Estados Unidos. Era difícil definir o que é sede. O mundo da Internet ainda está desenhando suas regras e, em países afundados em papeladas, as regulamentações sempre terão de correr atrás para acompanhar a inovação. Investidores estrangeiros se perdem na conta quando o assunto é imposto ou taxa de remuneração, sem contar as oscilações do dólar.

Mas Julio tem o otimismo necessário para empreendedores em economias em desenvolvimento. "Não precisamos ser experts em abrir empresa. Para isso, contratam-se advogados. Tudo fica mais caro e incerto. Para cada novo funcionário é preciso reter a carteira de trabalho, assiná-la, homologar no sindicato, preencher formulários e calcular folha de pagamento. Mais: precisa-se de uma pessoa especializada em folha de pagamento 'porque tem que rodar a folha'. Ou seja, não basta somar e depositar os salários nas contas dos funcionários – há um cálculo para cada pessoa a partir da vaga que ela ocupa, o tempo em que ela trabalha para a empresa, o período de férias e mais o cálculo de encargos e impostos. Por isso, há várias pessoas que 'rodam a folha', algo que nos Estados Unidos não existe. Lá você aperta um botão e pronto."

■ ■ ■ ■

CAPÍTULO 6

Aqui não é peixaria

Logo no início, Julio trouxe um talento para estagiar no Facebook: o paulistano Pedro Kranz Costa, conhecido como PK. Jovem, mago das redes sociais e dono de textos hilários, PK acabou emprestando seu tempo ao Peixe até migrar totalmente para a startup. PK nasceu na Internet. As primeiras conexões foram testadas na casa dele – seu pai é o jornalista Caio Túlio Costa, um dos primeiros diretores do UOL e depois do iG.

Antes de o Peixe inaugurar seus serviços, o site mantinha uma página estática, *clean*, apenas com o logo. Na parte central figurava uma caixa, parecida com a de busca do Google. Ali, o Peixe pedia o e-mail do visitante – assim que os serviços abrissem em sua cidade, ele passaria a receber as ofertas por e-mail. Além disso, o Peixe investiu em publicidade no Google, além de criar uma página no Facebook e no Twitter. Desde o começo, redes sociais, assessoria de imprensa e marketing on-line eram um grande foco para aquisição de usuários. Como aquele era um modelo novo, as palavras-chaves no Google eram baratas; conseguia-se atrair um bom público gastando pouco. Quando um usuário digitava "restaurante no Rio de Janeiro" no Google, o Peixe Urbano aparecia ali de alguma forma.

As operações aconteciam no apartamento do Alex; todos colocavam a mão na massa – começavam em caráter de meio expediente, e logo se viam mergulhados no empreendimento. Ninguém, a princípio, estava ali para enriquecer – queriam criar algo novo. Ou assim diziam. As próximas etapas seriam escrever os textos, fechar as ofertas e contratar bons profissionais. Não basta ter boas ideias: elas só podem ser postas em prática por gente preparada. Grande parte das startups se esfarela quando não há sintonia interna ou quando os sócios não se bicam.

Os dias que se seguiram foram tragicômicos. Letícia ligava de São Francisco, via SkypeOut, para restaurantes do Rio de Janeiro e dizia: "Bom dia. Sou do Peixe Urbano". Alguns batiam o telefone na cara, outros respondiam que ali não era peixaria, outros que já tinham peixeiro. A tarefa de explicar por telefone um modelo de Internet que não existia no Brasil foi herculana – uma rua sem saída. Eles passaram, então, a buscar conhecidos e pessoas que pudessem apresentar amigos de amigos, dizendo que "um amigo de Stanford está abrindo um negócio de Internet no Brasil". Pelo menos, assim as pessoas escutavam o que eles tinham a dizer.

Com a maior parte da equipe em São Francisco, era o Alex quem ia pessoalmente prospectar clientes no Rio de Janeiro – mesmo sendo o homem da tecnologia, ele fazia de tudo. De dez lugares visitados, apenas um estabelecimento aceitava participar. Ao chegar ao Rio, Julio também começou a bater de porta em porta. Ele conseguia explicar melhor o que era o Peixe Urbano aos donos de restaurantes e teve sucesso ao fechar algumas parcerias. Os argumentos eram fortes. O dono de um restaurante ou de salão de beleza ouvia a seguinte história: "Para fazer uma oferta no Peixe Urbano, você não vai tirar nenhum centavo do bolso. Se o almoço custa 50 reais, o Peixe vai vender no site por 25 reais. Desses 25 reais, 50% ficam com você, 50% ficam com o Peixe Urbano". O restaurante ficava com 12,50 reais de um almoço que custava 50 reais. O dono certamente não entendia qual a vantagem daquilo. "Vocês estão loucos", falavam alguns.

Mas o time era insistente: "Escute, você vai oferecer o desconto. Caso não venda nada, você não desembolsa nada. Não haverá custo nenhum para o restaurante. Se a oferta vender, novas pessoas visitarão o seu estabelecimento, experimentarão o seu prato, voltarão outras vezes e ainda divulgarão na Internet. É um investimento em marketing: em vez de anunciar em revista ou televisão, que não garante a audiência que você quer alcançar, você vende o cupom diretamente aos interessados – e o cliente vai. Se não der certo, o risco é nosso". Eles mostravam ainda a estratégia do Peixe em divulgar via Google Ads, propaganda no Facebook e envio de e-mails para os cadastrados.

Era importante reafirmar ao dono do estabelecimento que aquela ação era totalmente mensurável. E insistiam na inovação: até então, ninguém comprava um almoço pela Internet, e nenhum deles dispunha de um canal mais dinâmico, mais interativo e que falasse diretamente com o consumidor. Com esse discurso, fecharam boas ofertas. Mas o mar ainda não estava para peixe. Alex e Julio precisavam urgentemente de um terceiro mosqueteiro, alguém que cuidasse apenas da aquisição de novos parceiros. Alguém que fosse o rei da área comercial. Julio só pensava em um nome: Emerson Andrade. Tratava-se de um curitibano que estudou com ele em Stanford e, na época, trabalhava para a Microsoft, em Seattle.

■ ■ ■ ■

A jornada profissional de Emerson começou em fevereiro de 1992, em Curitiba. Ele havia acabado de completar 18 anos quando o juiz que casou seus pais, ainda amigo da família e àquela altura aposentado, os chamou para uma reunião da Amway. Fundada nos Estados Unidos em 1959, abreviação de "American Way", a Amway virou febre no Brasil na década de 1990. Utilizando o formato pirâmide, ou "marketing multinível", os participantes vendem de cosméticos a produtos de limpeza de porta em porta: um vendedor traz outros e ganha porcentagem sobre as vendas de todos abaixo dele. No final da reunião, seu pai lhe disse: "Emerson, entra nisso aí. Quem sabe você ganha um dinheirinho para pagar a gasolina do Fusca". Tratava-se de um Fusca 1966 que seu pai lhe emprestava para ir à faculdade. Emerson cursava seus primeiros anos de engenharia eletrônica no Cefet – Centro Federal de Educação Tecnológica.

O jovem aceitou o desafio e começou sua pirâmide envolvendo pais de amigos, incluindo um tenente-coronel da Aeronáutica, advogados e um grande tributarista de Curitiba – todos na faixa entre 35 e 40 anos. "Eram casais, gente mais velha, mais experientes do que eu. O próprio juiz tinha 60 anos. Ele me ensinou muita coisa. Ele fazia reuniões com seus vendedores em Curitiba e também em Ponta Grossa." Logo a Amway aportou na Argentina, abrindo mais uma porta para o rapaz. Emerson, filho de mãe argentina e, portanto, com cidadania local, trancou a faculdade e embarcou para o país vizinho, onde enxergava um mar de oportunidades. Em dois anos, ele somava 10 mil pessoas abaixo dele, trabalhando em esquema de pirâmide. Ele foi o integrante mais novo na história da Amway a chegar ao nível "Esmeralda", uma grande premiação dentro do ranking da organização.

O trabalho era incansável. Emerson focava em treinamento e motivação, promovendo seminários mensais, com palestrantes que tinham de três a cinco anos de casa. Ele mesmo passou a percorrer o Brasil, Argentina, Chile, Uruguai, México e Estados Unidos palestrando para públicos de 5 mil pessoas. Seu recorde foi uma audiência de 12 mil pessoas no Maracanãzinho, no Rio de Janeiro. O menino, de então 20 anos, dividia suas técnicas de venda, sua história pessoal, contava sobre seus gurus e a formação de seu time. Emerson ganhou muito dinheiro e amadureceu muito cedo. "Enquanto eu fazia reunião nos confins de Buenos Aires, meus amigos estavam na praia, surfando", diz ele. Sem abandonar o trabalho, Emerson voltou para a faculdade em 1997, então com 23 anos, e ainda abriu uma locadora de automóveis. Formou-se em Administração aos 27 anos.

Em 1998, caiu em suas mãos uma reportagem da revista *Você S/A* sobre jovens que iam para os Estados Unidos fazer mestrado em Administração de Empresas, ou MBA, ficavam por lá e ganhavam cerca de 100 mil dólares por ano. Ele pesquisou, conversou com formandos, e se deu conta de que precisava de mais experiência profissional para tentar uma vaga. Ele deixou a Amway em 1999 e continuou com a sua locadora. Em 2005, ele ingressou na Universidade de Stanford, onde conheceu o Julio.

A experiência do Emerson em vendas cara a cara e contratação em massa fazia os olhos do Julio brilharem. Sua função no Peixe Urbano não seria lidar com grandes corporações, mas com donos de estabelecimentos e alguns funcionários – relações que passam por um nível pessoal. "Donos de estabelecimentos pensam em seus negócios como extensão deles próprios; seus egos são muito atrelados às suas marcas – por isso, vendas para eles é algo muito pessoal", explica Julio.

"Se uma empresa decide fechar negócio com um concorrente, é como se a mulher dele o estivesse traindo", costumava brincar.

No entanto, os olhos de Emerson não brilhavam da mesma forma com a possibilidade de voltar a morar no Brasil. Sério, recatado e devoto do evangelismo, ele estava radicado em Seattle e empregado pela Microsoft desde que deixara Stanford, três anos antes. Ele terminava o expediente às cinco da tarde, tinha casa comprada, grama verde e carro na garagem. Tinha também o green card, dois filhos, um deles recém-nascido, e uma esposa curitibana de beleza exuberante, sua namorada desde a adolescência. Para ele, viver nos Estados Unidos era um projeto de vida com o qual tinha começado a sonhar havia uma década.

Por isso, ao receber o convite do Julio, Emerson foi sincero: "Olha, em princípio, não tenho planos de voltar para o Brasil". Ainda assim, ele apresentou pessoas relevantes ao Julio, dividiu com ele algumas experiências e ofereceu investir no negócio. A resposta foi curta. E, guardadas as devidas proporções, foi a mesma que Steve Jobs da Apple deu, em 1977, ao seu investidor-anjo Mike Markkula, um aposentado da Intel que vivia de suas ações da empresa: "Não queremos seu dinheiro, queremos você". Markkula tornou-se a pessoa número três da Apple, depois de Steve Jobs e Steve Wozniak.

Em março de 2010, Emerson tirou um mês de férias e voou para Curitiba com toda a família, para visitar os parentes. Era o mesmo mês em que o Julio estava deixando a Califórnia para começar as primeiras operações do Peixe Urbano no Rio de Janeiro. Naquelas semanas, Emerson concordou em apoiar o Julio, testando as águas para sentir o nível de aceitação do negócio, visitando estabelecimentos e falando com amigos. Era uma grande ajuda: ele sabia que naquele momento a equipe carioca estava quebrando a cabeça na área de vendas – eles chegaram a contratar um representante, mas o sujeito desapareceu. Em meio ao sufoco, Alex tinha conseguido fechar três ou quatro ofertas, então Emerson ajudou nos textos e opinava sobre o site.

Àquela altura, todos os envolvidos já estavam trabalhando 16 horas por dia, sete dias por semana, dormindo de três a quatro horas por noite. Julio sentou com Alex e disse: "Não conseguiremos tocar a área comercial e a operacional ao mesmo tempo – já estou tocando o marketing, além dos fatores externos. Ou seja, investidores, imprensa, além de produto. Você também tem muita coisa na parte de tecnologia. Vamos trazer o Emerson para cá".

■ ■ ■ ■

CAPÍTULO 7

Primeira oferta

O site continuava estático, agregando e-mails de visitantes de cidades espalhadas pelo Brasil. Uma vez cadastrado, o novo usuário recebia newsletters com as ofertas locais. Naquele primeiro dia, somavam-se 6 mil pessoas cadastradas, trazidas para o site via Google Ads e página no Facebook. As ofertas só seriam ativadas caso um grupo mínimo de pessoas comprasse os cupons; para isso, seria essencial que cada oferta viralizasse e que os próprios usuários convencessem seus amigos.

Havia incentivo de 10 reais de crédito para quem chamasse um amigo, e mais 10 reais se o amigo efetivasse uma compra. O time do Peixe sempre acreditou que ser pioneiro trazia inúmeras vantagens, não só para a indústria de compras coletivas, mas também para o mundo da Internet em geral: os desbravadores conseguem construir uma base de usuários e tornam sua marca conhecida. Quem vem depois leva um tempo para alcançar o pioneiro. De qualquer forma, criar o site em si era muito fácil, e eles tinham noção de que rapidamente alguém iria copiar. Por isso, o Julio colocava prazos agressivos, incluindo o lançamento.

Para divulgar a data de inauguração, Letícia criou um *press release*; ela e o Julio entraram em contato com jornais e revistas. Julio é um excelente porta-voz e sabe a importância da imprensa. Letícia notou que, em comparação com os Estados Unidos, onde existem diversos veículos de nicho, a mídia brasileira é centralizada. Era preciso marcar território nos grandes veículos – televisão, rádio, revista e jornais – para causar repercussão e atingir um grande número de pessoas.

Foi Julio que conseguiu emplacar a primeira reportagem sobre o Peixe Urbano: a matéria foi escrita pela jornalista Mariana Barbosa, da *Folha de S. Paulo*. Julio não conhecia Mariana pessoalmente, mas a conexão foi feita através de um amigo em comum com quem Julio estudou em Wharton. Ao analisar a pauta, a jornalista sentiu que a novidade daria samba. Em 28 de março de 2010, a seção Dinheiro publicou a reportagem, anunciando a chegada da modalidade de compras coletivas ao país. O subtítulo ressaltava que a receita do site, que serve de marketing para as empresas, vem de comissões sobre as vendas, e que o portal foi criado pelo representante do Facebook no Brasil.

O ponteiro marcava meia-noite da quarta-feira, dia 31 de março de 2010, quando a primeira oferta entrou no ar. O nível de adrenalina e de expectativa da equipe estava fora de qualquer padrão. As ofertas estavam alinhadas – a primeira oferecia 20 minutos de arvorismo na Lagoa Aventuras, um trecho reservado para esportes de ecoturismo no Parque da Catacumba, na Lagoa Rodrigo de Freitas, zona sul carioca. Eles limitaram o número de cupons para 60, achando que já era demais. "A gente nunca vai vender 60 cupons para arvorismo no Rio. Ninguém conhece o site. Quem vai entrar e comprar?", pensava Letícia.

A oferta dava um desconto de 50% do valor total, de 30 reais. Os cupons eram individuais e valiam entre 3 de abril e 10 de julho daquele ano. Naquela madrugada, Alex, Julio, Emerson e Letícia fizeram uma escala. Era preciso ter pelo menos um deles acordado monitorando o site. O mínimo necessário de compras para ativar a oferta era de 20 cupons. O Julio dormiria de uma às três da manhã, depois ligaria para o próximo da escala, que ficaria acordado até tantas horas, e telefonava para o seguinte da lista até amanhecer. Naquela madrugada, Emerson, que estava no litoral de Santa Catarina desfrutando das férias, estava acordado e no circuito, quando notou que o site oferecia pagamento via boleto bancário, um sistema que levava cinco dias úteis para ser processado – algo inexistente nos Estados Unidos. Seria impossível esperar a compensação dos boletos para emitir os cupons. Antes das três da manhã, ele falou para o Julio via Skype: "Tire essa opção do site – isso jamais dará certo". A opção foi abolida de imediato.

Quando Alex acordou para sua escala, às oito da manhã, deparou-se com quatro compras de cupons. Ele enviou uma mensagem para o restante da equipe anunciando a surpresa. Um deles foi adquirido pelo Julio, o segundo pela Irit, e os outros dois eram um mistério. Alex não reconhecia aqueles endereços de e-mail. Ele perguntou se alguém reconhecia. A resposta foi não. Os dois compradores eram, de fato, "pessoas de verdade". "Duas pessoas aleatórias, que confiaram na gente, botaram lá o cartão de crédito e compraram, ou seja, esse negócio tem potencial", observou Letícia. A primeira oferta vendeu os 60 cupons. Só que o Peixe Urbano se esqueceu de um detalhe: avisar ao comprador que ele receberia o cupom por e-mail, deveria imprimi-lo e apresentá-lo no local, na hora da atividade. Mais: deveria esperar 24 horas, tempo necessário para o Peixe Urbano emitir uma lista com os códigos de compra para a Lagoa Aventuras.

Desavisados, os compradores começaram a ir para a Lagoa Aventuras logo após a compra – Alex teve de sair de casa correndo e entregar o relatório em mãos para os responsáveis do arvorismo. Esse relatório era crucial para dar baixa nos cupons e evitar que eles fossem reutilizados. Na mesma semana, porém, uma das ofertas programadas de ir ao ar no dia seguinte deu encrenca e foi cancelada. O parceiro havia desistido, deixando o Peixe Urbano de mãos abanando. A meia-noite se aproximava e eles precisavam de alguma solução. Letícia implorou até convencer um primo, dono de uma loja de camiseta, a criar uma oferta com seus produtos. O mecanismo de ofertas funcionava como redação de jornal: quando cai uma matéria, é preciso encaixar outra. Eles tiveram de correr desesperadamente para fechar mais negócios e garantir mais opções no site. Cada oferta ficava dois ou três dias on-line. Por isso, era preciso ter "prateleira". O telefone do Alex ficava disponível no site para quem tivesse problemas com o cupom.

■ ■ ■ ■

No dia seguinte, depois da primeira oferta, Julio estava em São Paulo para encontrar uma dupla de investidores indicada por Palihapitiya: Meyer "Micky" Malka e Wences Casares, fundadores da Patagon, site de serviços financeiros nas Américas. Ambos moravam nos Estados Unidos e se reuniram com o Julio na casa de um amigo em comum. Sem apresentação formal e plano de negócios, Julio tinha apenas duas coisas a mostrar: o site, lançado no dia anterior, e a matéria publicada na *Folha de S. Paulo*. Ele respondeu a três ou quatro perguntas – e foi o suficiente. "Estamos dentro, gostamos de você." Eles acreditavam muito no mercado brasileiro, no formato de compras coletivas no Brasil, e na dupla Julio e Alex. O resultado dessa reunião foi tão positivo que animou o Emerson. Ele pôde enxergar a estabilidade financeira de que precisava e as chances de atrair mais capital no futuro. Esses dois investidores continuaram a injetar cifrões no negócio, e ainda montaram o Banco Lemon no Brasil. Com isso, eles tinham um grupo de amigos que investiam juntos. Como investidores-anjos, eles apostavam mais no empreendedor do que no negócio. Sobre as projeções futuras, de fato, ninguém sabia. Anos mais tarde, Micky entraria para o Conselho do Peixe como conselheiro independente, e passaria a exercer um papel fundamental como mentor do Julio, especialmente na época de decisões mais difíceis. O Peixe nunca abriu cifras de investimento para a imprensa – o site Crunchbase, uma referência que lista dados financeiros de startups, revela apenas que, desde sua fundação, o Peixe Urbano teve quatro rodadas de investimentos com sete investidores ao longo dos anos.

Naquela semana, a reportagem da *Folha* abriu mais uma porta: uma entrevista na rádio CBN de Curitiba, de onde Julio, Alex e Emerson falaram ao vivo. A oportunidade foi mais um passo para Julio e Alex insistirem na volta de Emerson. Mas, para trazê-lo, Julio sabia que seria crucial convencer Heliene, sua esposa. Então ele pediu que Letícia a incluísse na parte de redação. Nos poucos dias restantes no Brasil, Emerson conseguiu fechar alguns acordos com estabelecimentos locais, e sentiu que a startup tinha enormes chances de decolar – Julio ofereceu sociedade ao Emerson e lhe deu um prazo para a resposta: 7 de abril de 2010. Heliene deixou a decisão nas mãos do marido. Emerson decidiu fincar bandeira no Peixe Urbano. Ao voltar para Seattle, se reuniu com seu chefe da Microsoft e anunciou: "Olha, algo que eu não estava esperando aconteceu no Brasil. Estou indo embora". Emerson fechava seu ciclo na empresa americana depois de três anos de trabalho – aquele foi seu primeiro e único emprego desde que deixou Stanford, em 2007.

O chefe, que foi o mesmo desde o começo, foi pego de surpresa. Eles fizeram um acordo para que Emerson ficasse até julho daquele ano. Ainda assim, Emerson ficava duas ou três semanas por mês no Brasil, longe das crianças e da esposa, para se dedicar ao Peixe.

■ ■ ■ ■

CAPÍTULO 8

Modelo Amway de expansão

Mesmo com dois bebês em casa, em Seattle, Heliene começou a ajudar a Letícia, recém-casada, na área de criação de textos das ofertas. A intensidade de trabalho naqueles primeiros meses era quase obsessiva, o que exigiu bastante compreensão de quem estava por perto. Letícia e Heliene não se conheciam pessoalmente, mas estavam no mesmo fuso horário: cinco ou seis horas a menos em relação ao relógio brasileiro. "Eu pegava listas dos restaurantes do Rio e ligava, ligava, ligava, e fechava contratos dessa forma", lembra Heliene. Mesmo distante, ela emplacou uma parceria que entrou para a história do Peixe como um dos casos de *best-sellers* – a confeitaria carioca The Bakers, em Copacabana. A primeira promoção, com validade de três meses, vendeu 800 tortas só no primeiro dia. Essa parceria viria a durar dois anos, com promoções desse tipo a cada trimestre. Também via Skype, Heliene entrevistava e contratava gente, preparando contratos CLT para quem fosse trabalhar no escritório, não em vendas. Tudo foi feito artesanalmente, ainda sem Departamento de Recursos Humanos. Foi também Heliene quem estabeleceu o valor do vale-refeição dos funcionários do Peixe: 8 reais. Fora do país há anos, ela não sabia que aquele valor era baixíssimo.

Sem ter trabalhado no Brasil, Julio não construiu um network profissional no país, por isso não tinha como contratar as pessoas. Uma das táticas foi trazer gente que, em seu cotidiano, mostrava-se profissional: se alguém o atendia bem no shopping, ele imediatamente chamava para trabalhar em seu novo negócio. O Peixe Urbano, que ainda operava do apartamento do Alex, começou a anunciar vagas em jornal. A empresa era tão desconhecida que uma das candidatas à vaga de estagiária apareceu na entrevista com o irmão, "porque um gringo está me chamando para ser entrevistada na casa dele para uma empresa chamada Peixe Urbano". Foi contratada.

A divisão de tarefas entre os três ficou bem clara: Julio tocaria apenas a aquisição de usuários, o Alex faria toda a parte de tecnologia, e o Emerson iria atrás de ofertas certeiras. De imediato, Emerson trouxe para o Peixe muita gente da Amway, inclusive os gerentes do Rio de Janeiro, Minas Gerais, Espírito Santo, Brasília e sul do país. Heliene dizia que eles sabiam vender de copo a caixão. O modelo Amway foi replicado no Peixe – para Emerson, treinamento e motivação em massa eram os caminhos para abocanhar novos territórios com rapidez. "É preciso catequizar as pessoas, trazê-las para dentro e ir multiplicando", repetia ele. O importante era fincar a primeira bandeira de compras coletivas nas cidades as quais eles queriam expandir. "Fomos os primeiros no Rio e também no Brasil. Ao correr para fechar ofertas em São Paulo, percebemos que era crucial ser o pioneiro – isso atraía a imprensa e provocava burburinho", lembra Emerson. "Sabíamos que a concorrência iria chegar num futuro próximo, incluindo o Groupon."

Assim que o Peixe Urbano abria as portas em uma cidade, a empresa já contava com uma lista de quatro a cinco mil usuários cadastrados. Com o boca a boca, anúncios de ofertas via Facebook e propaganda no Google, o número saltava para 20 mil cadastros em apenas um mês. Mas só isso não era suficiente. Em São Paulo, Emerson formou uma "equipe de expansão". Para abrir as operações do Peixe Urbano em qualquer cidade, era preciso ter, pelo menos, dez ofertas prontas para irem ao ar. A força dessa equipe de vendas, que ia a campo falar com os estabelecimentos e criar parcerias, era fundamental. A terceira cidade foi Curitiba, a cidade natal de Emerson. Ele selecionava alguém do escritório para avaliar os currículos on-line dos candidatos em sites, como a Catho. Eles pescavam cerca de quinze pessoas. Ao chegar à nova cidade, o representante do Peixe dedicava dois dias para entrevistá-las. Ele selecionava três ou quatro, incluindo um coordenador local. A equipe de expansão ficava duas ou três semanas na cidade treinando os novos vendedores: eles aprendiam na prática. Tinham que saber como chegar aos estabelecimentos, usar os argumentos de venda, explicar as ofertas e os procedimentos.

Nessas duas ou três semanas, fechavam-se uma média de dez contratos. Com uma boa lábia, conseguia-se convencer os mais céticos com ofertas de apenas 200 cupons, para dar o gostinho. E assim aconteceu em capitais como Porto Alegre, Belo Horizonte e Brasil afora. A demanda de crescimento foi tal que Emerson se uniu com mais duas pessoas para expandir o Peixe Urbano pelo país. Dessa forma, em três semanas eles conseguiam alcançar três novas cidades. Um personagem fundamental para a expansão chamava-se Alceu Oliveira Filho Pete. Curitibano desinibido, amigo do Emerson da época da Amway, ele começou a trabalhar no Peixe Urbano em São Paulo. Alceu vivia tanto no avião que, vez ou outra, já não sabia mais em que cidade estava. Ele viajava, contratava gente, treinava, voltava para o aeroporto, desembarcava em outra cidade, e fazia a mesma coisa. Ficou um bom tempo sem voltar para sua casa, em Curitiba.

O combinado era claro: os vendedores usavam seus próprios computadores e celulares, trabalhando como pessoa jurídica. Eles ganhariam 5% do valor que o Peixe recebesse por volume de cupons vendidos. Os vendedores andavam com os contratos debaixo do braço, e eram orientados a não saírem das reuniões sem os papéis assinados. Eles tinham que fechar "ofertas completas", que impulsionassem a venda de cupons. Não valiam combinações como de "refrigerante e coxinha". Era preciso usar a criatividade. Mas nem sempre isso acontecia. Quando os contratos chegavam às mãos do coordenador de publicação, o responsável levava as ofertas ao ar com o olho nas metas de faturamento de cada cidade, porém nem todas as ofertas eram geniais. Havia casos em que vendedores fechavam 25 ofertas, mas apenas cinco eram publicáveis.

Para organizar tamanho volume, Julio criou um time de "apaga incêndio" com a missão de checar se as ofertas estavam dentro dos padrões. Também foi montado um cronograma de publicação com o objetivo de formatar as ofertas uma semana antes de irem ao ar. Assim que eram publicadas, os donos dos estabelecimentos acompanhavam as vendas, cujos números sempre estavam abertos no site. Os parceiros que aderiram ao Peixe no começo da empresa criaram vínculos e desfrutavam de alguns benefícios, como ver sua oferta em destaque, em vez de na lateral da página.

Cada oferta publicada era acompanhada de quatro parágrafos, um exagero tratando-se de Internet: o primeiro parágrafo era divertido, usando verbos como "pescar", "fisgar", e trocadilhos como "Fernando Peixoa". Os redatores adoravam a liberdade de escrever com humor. No segundo parágrafo, falava-se sobre a empresa em questão, no terceiro explicava-se a oferta. O parágrafo final chamava o internauta para a ação: clicar e comprar. A meta inicial para cada redator era de quatro textos por dia. Gradualmente, essa meta foi aumentando, acompanhando a demanda. A cada cidade aberta, aumentava-se o trabalho e o número de contratados – a redação das ofertas do país inteiro se concentrava no Rio de Janeiro. Ao longo do tempo, as ofertas passaram a ter três parágrafos. Hoje, o texto é mais enxuto; algumas pesquisas indicaram que o usuário, de fato, não lia nada além das informações fundamentais.

O trabalho de redação era divertido, mas todos ali sabiam que ninguém teria um salário comparável ao dos vendedores comissionados, da área comercial, que somavam cifras de cinco ou até seis dígitos. Os redatores ganhavam, em média, menos de dois mil reais por mês, alguns chegavam a dois mil e duzentos reais. Ainda assim, os redatores novatos teriam chances de se aprimorar e aprender a apurar fatos, como a importância do diâmetro da pizza em uma oferta. Os mais experientes redigiriam textos menos rebuscados do que o habitual. O grande chamariz daquelas vagas era trabalhar em algo novo, sem ranços de empresas antigas, e com agrados, como festas, happy hours e convenções em lugares paradisíacos. Nem mesmo a faixa salarial da diretoria era grande coisa, talvez até abaixo do mercado. Todos ali davam o suor pela "promessa de fazer parte de algo jamais visto no país" e pela aposta de um futuro cheio de cifras, caso a empresa abrisse o capital ou fosse comprada.

Para Alex, o ideal seria ter o menor custo de folha possível. Empresas como Google, Baidu e Microsoft têm um esquema pequeno se comparado ao seu valor de mercado. O aplicativo de mensagens WhatsApp, por exemplo, tinha 55 funcionários e quatro anos de vida quando o Facebook comprou a empresa por US$ 19 bilhões. Esta é uma das razões pelas quais a tecnologia, em geral, escala muito melhor do que outros negócios. Quanto maior a equipe de tecnologia, maior a indicação de que o seu negócio é de fato "tecnológico", e que há grandes chances de escalar. Isso significa que se a audiência dobrar, o seu custo não dobra junto: ele aumenta apenas 5%. Diferente da natureza de uma empresa como o WhatsApp, o Peixe demandava muita gente: o time que captava a oferta, o grupo que telefonava para o estabelecimento para fazer o controle de qualidade, os responsáveis pelas fotos de cada oferta, a equipe do atendimento ao consumidor. Eram muitas pessoas encarregadas de fazer o site funcionar, on-line e off-line. Além disso, o parceiro, seja o dono do restaurante, seja o dono do salão de beleza, não domina a tecnologia usada no processo, então o trabalho do vendedor é artesanal, cara a cara – ele é uma peça-chave para explicar e formatar a oferta.

■ ■ ■ ■

CAPÍTULO 9

Lá vêm os alemães

Durante o turbilhão de 2010, Julio ia uma vez por mês a São Francisco visitar Irit. Certa vez, ela mencionou um colega de trabalho chamado Ryan Osilla, um americano de origem filipina. Ela achava que Ryan seria um excelente ativo para o Peixe. Em maio de 2010, Ryan aportou no Rio de Janeiro, passou um mês, adorou, e tornou-se o primeiro gerente de produto da startup. Ele era um bom exemplo do time de excelência que Julio estampou na cúpula do Peixe Urbano. Além disso, essa turma estava acostumada com a mentalidade do Vale do Silício, onde se lança produtos via MVP – Minimum Viable Product (Produto Minimamente Viável). Produtos e serviços são jogados no mercado com as características mínimas para funcionar, para serem testados "na vida real" sem alto custo. Se o piloto falhar, pelo menos ele não sugou rios de dinheiro.

O mantra que Julio colocava em prática na empresa era: "Não fale. Faça". Testando com clientes reais, acreditava o time do Peixe, consegue-se um resultado rápido e realista, em vez de pesquisas de mercado que muitas vezes são baseadas em uma presunção. Eles sabiam que isso ia contra o que várias pessoas aprendiam na faculdade, mas queria que as boas sugestões fossem testadas nos mínimos detalhes via testes A e B. Na prática, metade da base de clientes recebia uma ideia, a outra metade recebia outra ideia. E eles viam qual das duas funcionava melhor. Não precisava estar perfeito – eles queriam sentir seu potencial. Caso contrário, eles não perderiam mais tempo com aquilo. Ali era implementada a cultura Steve Jobs: "Vamos lançar o iPhone? Mesmo que a câmera não seja a melhor, mesmo precisando fazer ajustes, vamos marcar território. Depois a gente melhora a câmera, mas tenho que ser o primeiro do mercado". Tendo em mente a corrida contra o Groupon, ele acreditava lançar os produtos suficientemente bons para não causar má experiência aos usuários. Na hora em que o Groupon chegasse, o Peixe não teria que suar a camisa para alcançá-lo. Por isso, a corrida foi insana.

Em maio de 2010, o Groupon anunciou a compra do site alemão CityDeal por três dígitos de milhões de dólares – alguns chutam cerca de 100 milhões. A iniciativa foi uma forma de entrar na Europa pela porta da frente, apostando que os empreendedores locais conhecem como ninguém a cultura de consumo de cada país. Segundo Andrew Mason, não adiantava replicar o que eles faziam na Filadélfia ou em Miami. O CityDeal foi fundado pelos irmãos Oliver, Marc e Alexander Samwer, famosos por saber copiar e adaptar modelos de startups americanas para o público europeu. Entre elas, Zappos, eHarmony, Facebook e eBay. Eles já tinham escalado o CityDeal para mais de 80 cidades europeias, com 600 funcionários a bordo. Segundo Mason, no mês anterior, seus usuários economizaram 5 milhões de dólares em ofertas.

Letícia lembrava que os irmãos Samwer são polêmicos e agressivos nos negócios: eles têm seus admiradores, mas tem quem não goste. Quando o Groupon passou a ser administrado por eles, o time do Peixe brincava: "Lá vêm os alemães!". PK não perdeu a piada: utilizou um meme da memorável cena no bunker do filme *Downfall*, em que Hitler, alterado, sabendo que tinha perdido a guerra, aponta cidades no mapa e berra com sua equipe, reunida em volta da mesa. PK criou uma situação em que o Peixe Urbano representava os bonzinhos, e os alemães estavam invadindo a região. A guerra estava declarada.

Enquanto isso, Rodolpho, amigo do Julio, de São Paulo acompanhava o crescimento a distância, apoiando os passos do Peixe. Ele ia ao Rio com frequência, onde se reunia com seus então clientes, a Vale e a Light. Em uma dessas idas, Julio e Rodolpho se encontraram para comer uma pizza no Leblon. Nesse jantar, Julio fez uma série de perguntas: "Você, que entende as burocracias do Brasil, o que é fácil e o que não é no cenário da tecnologia?". Rodolpho, que considera Julio um bom ouvinte, foi gradualmente se envolvendo com alguns assuntos. Ele achava o Julio meio misterioso, algo que, segundo ele, não é muito evidente e definido por muitos como timidez.

De volta a São Paulo, Rodolpho tirou alguns dias de folga para pensar nos próximos passos profissionais – o mundo corporativo não lhe arrancava mais sorrisos. Como dizia o Julio, "essas coisas chatas das quais você gosta". Numa sexta-feira à tarde ele bateu um papo por Skype com o Julio. "Enquanto você pensa no seu futuro, por que não passa o final de semana aqui e me ajuda com o desenvolvimento de negócios?". Aquele foi mais um golpe infalível de sedução do Julio. No sábado de manhã, Rodolpho comprou uma passagem aérea, hospedou-se na casa de um amigo e passou o fim de semana no Peixe, trabalhando. "Aí veio um turbilhão e mergulhei naquilo. Os cinco dias viraram duas semanas, que viraram um mês." Julio pedia mais dias. Para isso, Rodolpho acabou se hospedando na casa do Julio.

Ao retornar a São Paulo, Rodolpho pediu demissão da empresa em que trabalhava. Pouco depois veio a proposta formal do Julio: Rodolpho ganharia 20% ou 30% do que ganhava anteriormente, para trabalhar para o Peixe a distância, em São Paulo. Ele analisou outros dois convites corporativos, mas optou pelo Peixe. Ao comunicar sua decisão às irmãs, que moravam com ele, Rodolpho não se surpreendeu com a reação. "Você vai ganhar isso?", perguntou uma delas, desapontada. Ele respondeu: "Sim, mas eu estou bem mais feliz". A irmã retrucou: "Feliz? Você está acabado! Olhe para você, com cara de quem não dorme". A irmã mais nova completou: "Você está alojado em um sofá, com uma mochila ao lado. Além de acabado, está gordo!". Ele nunca discordou de nenhuma das duas – ele sabe que quem visita o Rio de Janeiro volta bem mais bronzeado e saudável.

De qualquer forma, Rodolpho ingressou oficialmente no Peixe e passou a viver a mesma realidade de Letícia, ambos trabalhando a distância, via Skype. Ela havia se mudado para Miami, acompanhando o trabalho do marido. Assim como Rodolpho, ela sempre estava a postos, em frente ao computador. De colegas, eles se tornaram amigos. "Somando os dois, a gente conseguia se manter mais ou menos em dia com o que estava rolando. Sofríamos nas ligações telefônicas, por isso fizemos lobby para que comprassem um novo sistema de teleconferências", lembra ele.

De fato, as operações em São Paulo precisavam crescer. Emerson contratou a empresa de *headhunters* Michael Page para caçar novos talentos – e nessa leva veio um jovem de apenas 22 anos, chamado Theo Hamaoui, fisgado da área comercial da gigante francesa de bebidas Pernod Ricard. Theo tornou-se um dos primeiros vendedores de São Paulo e uma peça importante, já que Julio, Emerson e Alex não eram da cidade, e precisavam de alguém que conhecesse tudo e todos.

Theo e os demais vendedores se reuniam em suas próprias casas ou em cafés, e saíam pelas ruas com os contratos debaixo do braço e com a tal meta: "Não voltar para casa sem os contratos assinados". Ao bater de porta em porta, estilo vendedor de enciclopédia, Theo via-se navegando em um mundo onde palavras como "startup" e "compras coletivas" soavam como grego. Mas a venda em si não era difícil, porque os proprietários não tinham nada para desembolsar. Bastava bater um bom papo e ensinar a cada um como usar a ferramenta quando o consumidor chegar com um cupom. As reuniões eram extremamente demoradas, porque ele tinha que explicar a tecnologia utilizada, o que era o Peixe, quem eram Julio, Emerson e Alex. Além disso, o dono tinha que estar presente para dar o sinal verde.

■ ■ ■ ■

No final de julho de 2010, Heliene despachou sete malas e, junto com as crianças e o marido, mudou-se de Seattle para o Rio de Janeiro. Não venderam nada e deixaram tudo como estava, incluindo os carros na garagem. "Foi uma aventura, um risco", lembra Emerson. Heliene aportou no escritório logo na primeira semana de agosto, quando o Peixe tinha se mudado para seu primeiro escritório oficial (depois da casa do Alex), uma sala comercial, em um sobrado em Botafogo – era uma sala gigante, na Rua Real Grandeza, rua desprovida de charme, perto do Cemitério São João Batista. Quando ela almoçou fora pela primeira vez, levou um susto: 8 reais, valor que ela mesma tinha estabelecido para o vale-refeição da equipe do Peixe, pagava apenas um suco. Ela imediatamente falou com o Julio: "Vamos aumentar o valor, não sei como ninguém ainda não reclamou".

Naquela semana havia quatro ou cinco cadeiras vazias. Três semanas mais tarde, as contratações eram tantas que Heliene passou a entrevistar candidatos na escadaria do prédio e na cozinha. O escritório comportava cerca de 20 pessoas, mas, com a rapidez das contratações, acabaram trabalhando 50 – algumas chegaram a sentar em baldes, solução temporária para a falta de cadeiras. Heliene cuidou das operações que fechavam os contratos dos recém-criados núcleos de redatores, designers e um coordenador de publicação no Rio de Janeiro. Eles tiveram de alugar outro escritório na Rua Voluntários da Pátria, sem abandonar o primeiro. Dois meses mais tarde, o espaço também já estava lotado.

■ ■ ■ ■

Imprensa

O nome Peixe Urbano era uma sensação na mídia. Pilotada por Letícia, a área de comunicação ganhava cada vez mais força. Sua paixão pelo trabalho crescia por uma simples razão: seu papel de divulgação passou a ser crucial, principalmente porque a empresa ainda era desconhecida e construía-se uma nova marca. O mesmo não acontecia na Visa, seu emprego anterior nos Estados Unidos. A gigante dos cartões de crédito era estabelecida, então, mesmo trabalhando muito, ela sentia que seu empenho não gerava impacto, apenas "fazia cosquinha". No Peixe, ela teve grande ajuda de uma assessoria de imprensa de pequeno porte, no Rio, durante os primeiros meses. Mas, depois do lançamento, ela e o Julio sentiram que precisavam de algo maior, e, de preferência, em São Paulo. Foi quando eles entraram em contato com o paulistano Nelson Rodrigues.

Nelson é falante, adora contar casos. Ele trabalhava para uma agência de assessoria de imprensa chamada FirstCom, e conheceu "o Julio do Facebook" meses antes, em um evento. Em maio, ele enviou uma proposta ao Julio para ser assessor do Peixe Urbano, cobrando quase metade do *fee* mensal de sua agência: em vez de pagar 7 mil, o Peixe pagaria 4 mil reais. Proposta aceita. A partir daí, eles fizeram uma imersão para que Nelson aprendesse cada detalhe do modelo de negócios. Em suas pesquisas, Nelson soube que a repórter Renata Betti, da revista *Veja*, estava escrevendo uma matéria sobre compras coletivas. Nelson trouxe Julio para a reportagem. Na semana seguinte, dia 12 de junho de 2010, a matéria foi publicada em uma página e meia, citando o Groupon, o CityBest, do mineiro Sérgio Oliveira, e o Peixe. Em destaque, uma foto do Julio feita em estúdio, segurando um peixe imenso. Outra, mostrava o dono de uma confeitaria de São Paulo que vendeu 800 cupcakes em dois dias, via site CityBest. Certamente, a menção no veículo nacional de grande tiragem no país foi uma alavanca para o negócio.

Apesar da grande admiração que Nelson tinha pelo Julio, ele o achava "muito quietinho" para enfrentar jornalistas. "Ele precisava se soltar." Nelson foi guiando o Julio e montando sua imagem. O que vestir? Com a roupa que você trabalha, a forma como você quer que a empresa seja vista. O que falar? Não fuja deste discurso. Até o cabelo do Julio passava por uma ajeitadinha do Nelson. Para Nelson, o sucesso de retorno de mídia do Peixe Urbano em tão pouco tempo tem explicação: "Era um modelo construtivo, e a equipe estava totalmente aberta para falar com a imprensa. E mais: o Julio não é nada vaidoso, o que ajudava muito. Ele aparecia quando necessário, sabia o momento de ficar nos bastidores ou de dar o microfone para um representante de Campinas, para o Alex ou para a Letícia". Acostumado com alguns pavões do mundo corporativo, Nelson se impressionava: "Isso é raro em um universo de CEOs de egos inflados".

Juntos, Nelson e Letícia criaram uma estratégia: não bastava enviar *press release* aos repórteres – era preciso estudar o conteúdo para cada cidade onde iriam atacar. Para ele, o talento e a visão estratégica de Letícia, os discursos alinhados dos sócios, assim como a disponibilidade dos três para falar com jornalistas, foram essenciais para ganhar espaço na imprensa. Emerson, Alex e Julio se dividiam nas entrevistas, focados cada um em sua área. Se a matéria tendia para a tecnologia, quem falava era o Alex. O Julio falava mais sobre os negócios, e o Emerson, mais sobre a questão comercial. Mas os três tinham um discurso sólido, preparado em reuniões, e não fugiam muito dele. Certa vez, a repórter Fátima Turci, da TV Record, perguntou ao Julio quanto o Peixe Urbano faturava por mês. Julio olhou para o Nelson, e ela disse ao vivo: "Não adianta olhar para o seu assessor de imprensa, ele não vai deixar você falar". Mas nem sempre o assessor estava junto. No final de julho de 2010, por exemplo, Julio concedeu uma divertida entrevista em inglês e em vídeo, nos estúdios da Tech Crunch, na Califórnia. O site é uma das bíblias no mundo tecnológico que promove, inclusive, uma premiação anual considerada o Oscar das startups.

Nessa entrevista, Julio ressaltou que o sucesso do Peixe no Brasil se deu por adaptar ofertas para a cultura local, em que vários eventos sociais acontecem de forma espontânea e festiva. Ele comparou os investimentos de capital americano que ocorreram na China quinze anos antes, contou sobre algumas inovações de startups no Brasil e da falta de recursos que o país impõe. E ainda falou que a língua portuguesa não é uma barreira para um site brasileiro globalizar – além de donos de startups geralmente dominarem o inglês, tudo pode ser traduzido, como fez o Twitter e o Facebook.

■ ■ ■ ■

CAPÍTULO 10

De porta em porta

Groupalia, Cidade de Ofertas, Viajar Barato, Azeitona Preta, Ofertax, LocalClub, CityBest, Desejomania, SuperOff, Imperdível, Quero Bônus, Bananarama, Viva Descontos, Bendita Oferta. Dois mil sites de pequeno e médio porte pipocaram em todos os cantos, incluindo exemplos como o manauara Baqui Urbano, pertenciam a jornais ou revistas locais – eles tinham a vantagem de já cultivarem relacionamentos com seus anunciantes. Era um pulo transformar esses anunciantes em parcerias para cupons.

Essa concorrência foi mais um ponto de pressão para o Peixe correr contra o tempo. Era preciso ser o pioneiro em todos os mercados, ou pelo menos nos principais. O Groupon tinha a mesma mentalidade, muito mais dinheiro e muito mais experiência por ter feito o mesmo em outros países antes de aportar no Brasil. Se o Peixe Urbano não crescesse naquela velocidade, "os alemães" iriam dominar o país. Cada cidade era uma batalha separada: ser número um em São Paulo não garantia sucesso em Maceió – o alagoano não se importa com a pizzaria paulistana; ele quer que as ofertas no seu bairro sejam as melhores.

A cada nova cidade conquistada um e-mail era enviado à equipe inteira, com termos como "Dá-lhe, PU! Mais uma!". Em papos abertos no escritório, Julio juntava a equipe, mostrava os números aos funcionários, apontava onde o Peixe estava perante a concorrência e pedia sigilo a todos. Vendedores e redatores tinham de tirar leite de pedra para garantir ofertas novas três vezes por semana. Além disso, nem todas as cidades eram receptivas. Ribeirão Preto, por exemplo, enfrentava falta de promoções. Theo, o vendedor da equipe de São Paulo, foi convidado a abrir parcerias do Peixe Urbano em cidades como Cascavel e Santos. "Era uma loucura. Eu chegava a uma cidade sem conhecer ninguém, e em duas semanas tinha que contratar e treinar duas pessoas e fechar dez contratos. Esses dez contratos iriam garantir ofertas no ar por um mês." Ele ficava de domingo a sexta batendo de porta em porta. Cidades pequenas têm suas vantagens: o dono costuma ficar no estabelecimento, então as chances de fechar o contrato são maiores. Além disso, depois de um bom papo, alguém indica um sobrinho, que acaba se tornando o representante do Peixe na cidade.

Julio sabia que quem trabalha distante, como era o caso dos vendedores, perde a convivência do cotidiano e a oportunidade de ser exposto aos exemplos e líderes da empresa; para ele, esse é um aspecto que dificulta a gestão – a presença no escritório vale muito mais do que ler uma apostila de conduta. Por outro lado, a estrutura multiplicadora permitia a Emerson passar a cultura para sua pirâmide. Pelo menos na teoria. Ele tinha cerca de oito gerentes comerciais, cada um responsável por uma região do país.

Convivendo com Emerson, eles aprendiam a forma de trabalhar do Peixe e passavam o aprendizado em progressão geométrica para quem estava abaixo. Ainda assim, quanto mais longe o vendedor ficava do centro da empresa, maior era o ruído na comunicação. Era relevante para o Julio que se organizasse uma convenção de vendas semestral, reunindo todos em um só lugar. O ideal seria passar três dias juntos compartilhando a visão, os valores e o *modus operandi* da empresa. Em junho, o Peixe Urbano alugou alguns quartos em um hotel na praia de Copacabana, inclusive a sala de reunião – a empresa contava com cerca de 50 pessoas. Mas o time crescia tão rápido que eles previram que até o final de 2010 a maior parte dos funcionários, especialmente do departamento comercial, não iria se conhecer. Então ficou resolvido marcar outra reunião para dezembro.

Capacidade física, financeira e emocional

Um negócio como o Peixe Urbano foi criado com o objetivo de escalar – o maior foco são as vendas. Ultrapassar a capacidade de um estabelecimento ou vender demais não eram as preocupações iniciais. Mas a partir do momento que o negócio decola, os pesadelos decolam junto: seja um dono de estabelecimento que não consegue suprir a nova demanda, seja um usuário que telefona para dizer que está plantado em uma fila há mais de duas horas. Era preciso, urgentemente, entender a matemática entre a capacidade de cada estabelecimento e a validade do cupom. Ao longo do tempo, o Peixe aprendeu que era preciso limitar o número de cupons, mesmo se tivesse mais gente querendo comprá-los.

Vendedores do Peixe Urbano passaram a ser treinados para analisar três aspectos de qualquer estabelecimento. O primeiro era a capacidade física do local: quantas cadeiras há no restaurante? Quantas mesas? Quantas cadeiras há no salão de beleza? O segundo aspecto era a capacidade financeira: quem opera um restaurante com 20 mesas ocupadas por dia consegue servir 100 mesas ocupadas no mesmo período? Talvez não. Para tanto, eles terão de comprar mais carne, mais legumes, contratar mais gente. E muitos não têm fluxo de caixa ou capacidade financeira para aumentar seu negócio nessa velocidade. O terceiro aspecto era analisar a maturidade e a capacidade emocional de alguém acostumado a servir 60 pessoas, e de repente ver seu restaurante com uma fila de espera de 200. A velocidade do serviço no Brasil não comporta uma virada brusca. Por isso, passou-se a dar ênfase ao treinamento dado ao vendedor do Peixe Urbano, aos donos dos estabelecimentos, gerentes, garçons e outros serviços. Ensinava-se a atender novos usuários e a lidar com compras via cupom para garantir uma boa experiência a todos. Esse treinamento se dava ali mesmo, na hora do fechamento do acordo com o Peixe Urbano, antes da oferta ir ao ar.

Na prática, nem sempre o treinamento dava certo. Por isso foi criada uma equipe de qualidade que usava o esquema de "cliente oculto". Eles se faziam de usuários para pescar casos como, por exemplo, de um restaurante que normalmente vende a pizza por 60 reais, mas diz ao Peixe Urbano que custa 100 reais para vender a 50 reais. Ao telefonar para o estabelecimento, o cliente oculto pergunta o preço da pizza, analisa o atendimento, e ainda verifica se o produto existe de fato ou se foi uma invenção para gerar venda de cupons. Foram criados também dois departamentos: REP - Relacionamento com o Parceiro, e o REC - Relacionamento com o Cliente. O primeiro vai até o restaurante ou estabelecimento e explica as melhores práticas depois que a oferta vai ao ar. O segundo lida com os problemas que atingem o cliente.

A carioca Claudia Pamplona entrou no Peixe em julho de 2010 para criar novas áreas, incluindo o pós-venda. Ao lidar com clientes, ela entendia que tudo aquilo era novidade no Brasil. "A demanda por cupons era algo jamais visto pelos parceiros – eles ficavam atordoados com mil, dois mil, cinco mil cupons vendidos para o seu estabelecimento. Foi uma coisa de louco", lembra ela. "Vários deles queriam se aproveitar dos clientes, em vez de utilizar a promoção como canal de marketing", diz ela. "Vendia-se cupom com 50% de desconto para um prato de sushi, e o cliente reclamava conosco que o sushi era 'desse tamanhinho'. Era um problema educacional: muitos parceiros não entendiam que aquela ação era feita para fidelizar a clientela, em vez de espantá-la." Do outro lado estavam os vendedores do Peixe. A comissão por cada cupom vendido era tão alta que era fácil tapar o sol com a peneira quando o objetivo era selecionar parceiros idôneos. Reza a lenda que alguns vendedores chegaram a embolsar cerca de 70 mil reais por mês em comissões. Alguns, ainda muito jovens, conseguiam tirar 15 mil reais mensais.

■ ■ ■ ■

Os alemães chegaram

Agosto foi o mês em que Andrew Mason estampava a capa da *Forbes*, representando a empresa que mais tinha crescido na história da Internet. Para Julio, a capa da *Forbes* foi mais um lembrete e incentivo aos investidores de que aquele era "um modelo de negócio infalível". "Vivemos uma época muito privilegiada ao captar investimentos. Quando esta capa saiu, nós, do Peixe Urbano, já estávamos atuando e já éramos líderes no mercado brasileiro", lembra. Frank Sennett, jornalista que mais tarde contou a história da empresa no livro *Groupon's Biggest Deal Ever*, relembra que quando esse artigo chegou às bancas, o diretor de marketing da empresa sugeriu decorar uma parede com o estrondoso retorno de mídia que o Groupon havia alcançado até então. Mas Mason teve pavor da ideia.

Na verdade, ele fez o oposto: criou um "projeto de arte" no qual a capa da *Forbes* foi emoldurada e colocada na parede do escritório de 26 mil metros quadrados, em Chicago. Outras oito capas figuravam ao redor dela. Todas de revistas de prestígio. Todas igualmente emolduradas. Todas elevadas na parede por um cabo de ferro. Todas com temas inéditos sobre empresas gigantes de tecnologia. A capa da *Fast Company* alertava: "Não brinque com o My Space", enquanto a *BusinessWeek* estampava "A Geração My Space" e a *Fortune* dizia "Os Cowboys do My Space". Já a capa da revista *Time* perguntava: "Qual o próximo passo para o Napster?". A capa da *Inc.* dedicava-se ao Friendster. E ainda estava lá a Netscape nas capas da *Time* e da *BusinessWeek*. Aqueles eram lembretes para Mason e, consequentemente, para sua equipe, de que aquela ainda não era a hora de confetes e serpentinas. Todas essas empresas evaporaram do mapa – e este projeto visual servia como um lembrete necessário.

Apenas quatro meses após o lançamento, o Peixe já estava em seis cidades. Nessa fase, Heliene saiu da parte de operações e passou a coordenar as vendas no Rio de Janeiro, estabelecendo metas de número de contratos e dividindo vendedores por áreas – ela começou com três vendedores abaixo de sua aba e logo já havia quinze. Ela trabalhava tanto, que certa vez chegou a desmaiar em pleno escritório, em uma época em que ainda estava amamentando. Excessos à parte, tudo ia bem já que o plano inicial era estar em nove capitais e ter 300 mil pessoas cadastradas até dezembro daquele ano.

No entanto, ainda em agosto o Groupon aportou no Brasil, aumentando a pressão. "O Groupon está vindo com dinheiro, na cola da gente", alertou o Emerson. Ele sentou com o Julio para reorganizar a estratégia de expansão e decidiram pular de nove para 30 cidades até o final daquele ano. A correria foi insana. Para ter uma ideia, em março de 2010 eles começaram com o Rio de Janeiro. Em abril, chegaram a São Paulo. Em maio, alcançaram Curitiba. Em junho, foram para Brasília. Em julho, agregaram Niterói, Recife, Porto Alegre, Campinas e Belo Horizonte. Em agosto, adicionaram o ABC Paulista, Goiânia e Florianópolis.

De fato, eles conseguiram marcar território em 27 cidades antes de estourar o champanhe do ano-novo. Todas tinham mais de 1 milhão de habitantes. Em setembro, Fortaleza, Salvador, Ribeirão Preto e Vale dos Sinos. Em outubro, Caxias do Sul, Joinville e Natal. Em novembro, abocanharam Santos, Londrina, Campo Grande, São José do Rio Preto, João Pessoa e Belém. Em dezembro, acoplaram Manaus, Cuiabá, Uberlândia, Maringá e Maceió. As contratações no escritório e o número de ofertas aumentavam consideravelmente.

No início, era publicada uma oferta a cada dois dias; pouco tempo depois, publicava-se uma oferta por dia. Em seguida, passaram para duas ofertas por dia. Ou seja, em dezembro era preciso gente suficiente para selecionar as ofertas, escrever as chamadas e colocá-las no ar; tudo isso para 27 cidades. Buscava-se mais gente de publicação e em outras áreas, como Recursos Humanos, para dar suporte à expansão. A essa altura, a equipe do escritório já contava com 270 pessoas. Era tanta gente, que uma pessoa que lidava com a contratação apelidou a startup de "Peixe Frito".

"O perfil padrão era de pessoas informais, de jovens e de amigo do amigo", lembra a carioca Isabella Cunha, a Bela, que trabalhava na área de marketing. A cada nova turma contratada, Julio, Alex e Emerson se reuniam com ela, e um dos sócios almoçava com os calouros. Mas o preço da emergência era alto: vinha gente de todos os cantos, sem qualquer referência – nem sempre boa, para não dizer ruim. Aline Soares, coordenadora do Departamento de Recursos Humanos, era membro da Igreja Evangélica Bola de Neve, de Niterói, e contratou muitos fiéis da seita, no melhor estilo amigo do amigo do amigo. Fundada em 1993, a igreja tem estação de rádio, site e revistas – e levou seu efeito "bola de neve" para o Peixe. Por mais que essa se mostrasse uma forma eficiente de escalar rápido, uma das características que alguns envangélicos trouxeram para o dia a dia da empresa foi a homofobia; comentários maliciosos e preconceituosos eram falados no escritório sem qualquer filtro. No entanto, sem perceber, eles contrataram vários homossexuais. Há quem diga, com orgulho, que nunca trabalhou em um ambiente "tão gay" quanto o Peixe Urbano – tanto para um lado quanto para o outro.

Uma vez contratada, a nova turma tinha que ser treinada – no mais, era torcer para que desse certo. Julio não cansa de repetir que o Brasil oferece mercado de mão de obra com pouco preparo – e ainda assim os funcionários custam mais caro para os empresários se comparar com a realidade norte-americana ou europeia. "A baixa qualidade é notável:

sejam os funcionários do parceiro, sejam as pessoas com as quais você negocia – o nível geral de instrução e de experiência é muito inferior se comparado com o nível nos Estados Unidos." A comparação – por quem morou e estudou fora por tanto tempo – era inevitável e, ao mesmo tempo, construtiva. É claro que Julio buscava nivelar a empresa por cima. Mas quem tem pressa come cru. Apesar de algumas contratações erradas terem sido corrigidas com rapidez, Julio admite que não houve rotatividade suficiente: muita gente merecia demissão, mas acabou ficando. "A meritocracia é importante quando se reconhece quem é bom e eliminam-se os ruins. Os bons não gostam de trabalhar com os ineficientes. Mandar uma pessoa ineficiente embora com rapidez é um ganho para todos", lembra Julio. "Nesse caso, como ninguém tinha tempo para demitir, o processo não estava redondo."

■ ■ ■ ■

CAPÍTULO 11

Luciano Huck

Mensalmente, o Peixe Urbano tinha de retorno de mídia entre 250 e 300 reportagens nacionais. "Era um número absurdo", lembra Nelson, que normalmente almeja para seus clientes algo entre 30 e 45 por mês. Avesso a falar em cifras, Julio se via em saia-justa. Até mesmo o Nelson desconhecia valores quando o assunto era rodada de investimento. Mas, sabendo que jornalistas são ávidos por números e iriam citar – ou chutar – alguma coisa, Julio tinha boas saídas. "Bom, já que você vai escrever, vou dar uma ideia: tivemos um faturamento de mais ou menos 100 milhões de reais no primeiro ano", ele dizia em entrevistas.

Em outubro de 2010, o *Jornal da Globo*, transmitido normalmente depois das 11 da noite na TV, fez uma reportagem sobre compras coletivas mostrando uma iogurteria carioca que vendeu, em 24 horas, 23 mil cupons via Peixe Urbano para *frozen yogurt* – quantidade que eles costumam vender no período de três meses. Julio ficou impressionado com a repercussão da matéria – ele achava que ninguém assistia televisão tão tarde da noite. Não só isso: tal exposição atrai mais mídia, e assim chegou a vez da *Veja São Paulo*, que estampou o assunto em sua capa logo em novembro. Para essa matéria, Julio avisou ao Nelson que era importante naquele momento dar espaço para algum parceiro, algum estabelecimento especial. Era preciso aumentar a rede de estabelecimentos afiliados ao Peixe Urbano na capital, e nada melhor do que colocar um deles na capa da *Vejinha*.

Nelson se impressionava com a humildade e discrição do Julio – estava desacostumado com gente que não se deslumbra com suas conquistas. No mês seguinte, Franco Ravioli, da Pizza Bros, figurava na capa da *Vejinha*, mudando inclusive a percepção do tipo de parceiro do Peixe: normalmente, os restaurantes mais caros evitavam fazer promoção em compra coletiva. A matéria, escrita por Giovana Romano, também contava feitos da concorrência e de usuários, citava ainda outro fenômeno do Peixe: uma promoção que foi ao ar no dia 29 de outubro de 2010, oferecendo 71% de desconto em sanduíche e *petit gâteau* do Big X Picanha, uma rede paulistana. Os cupons ofereciam a dobradinha por 7,90 reais, em vez do valor real de 26,80 reais. Em 24 horas, o site vendeu 30.512 cupons, totalizando cerca de 570 mil reais. A promoção era válida para quatro filiais de rua (e não em todas as lojas da rede). Para isso, o proprietário, Helio Poli, teve de contratar 40 pessoas extras para servir a demanda nas quatro unidades.

O crescimento forçou o Peixe a dar novos passos: a contratação de um escritório de advocacia de escopo nacional. Era preciso contratar profissionais da lei para lidar com seus funcionários e com as reclamações que começavam a emergir em razão de serviços mal prestados por parceiros. Julio também deixou, de vez, seu cargo no Facebook. Na verdade, ele trabalhou para o Facebook mais intensamente nos três ou quatro primeiros meses. Depois disso, não havia hora no dia para acomodar as duas funções. Aquele também foi o mês em que houve a primeira menção ao nome de Luciano Huck no Peixe Urbano. A ideia era atrelar a marca a algum nome de peso.

Desatualizado com o que acontecia na mídia brasileira, Julio cogitou o nome do Jô Soares. Mas o nome de Luciano caiu na roda, vindo do investidor Fábio Igel, da Monashees, amigo de infância do Luciano. Fábio disse ao Julio que o Luciano achou o modelo muito interessante e gostaria de conhecer mais. Desacreditado e avesso ao mundo dos "famosos", a resposta do Julio foi curta: "Tenho muita coisa para fazer em vez de visitar celebridade". Mas Fábio insistiu: "Vai lá, fale com ele; o Luciano não é um cara famoso qualquer – ele é bem inteligente, vai agregar".

De fato, Luciano é tudo isso. No entanto, investimentos em novos negócios não faziam parte de sua agenda naquele momento. Mesmo assim, eles marcaram uma reunião para o fim de novembro. Julio não deixava de ir uma vez por mês a São Francisco para ver a Irit, mas daquela vez ela aproveitou o feriado americano Thanksgiving e foi ao Rio para visitar o namorado – e o acompanhou na visita. O escritório ficava na Barra da Tijuca, rota que deixou o casal preso por duas horas no trânsito. Avesso a atrasos, ele mandava mensagens para Sandra, secretária de Luciano, mantendo-a informada sobre o atraso. Ela respondia que Luciano o esperaria, sem problemas.

Nascido em São Paulo em 1971, filho de um renomado advogado, Luciano estudou Direito na USP - Universidade de São Paulo. Em 1992, seu pai lhe emprestou 6 mil dólares para ele montar a boate Cabral com amigos. O sucesso foi estrondoso – ele devolveu o dinheiro ao pai e seguiu abrindo boates em Maresias, litoral norte de São Paulo, e no Rio de Janeiro. Exímio conhecedor das noitadas locais, ele trabalhava para a rádio Jovem Pan e tinha uma coluna no *Jornal da Tarde* intitulada "Circulando", em que relatava as baladas mais quentes. Ingressou na TV Bandeirantes e no canal CNT, sempre com o foco em vida noturna. No final de 1999, foi chamado pela TV Globo. Mudou-se para o Rio, e no ano 2000 estreava o programa *Caldeirão do Huck*. Sem abandonar seu lado empreendedor, ele passou a investir em negócios de diferentes naturezas, incluindo uma pousada em Fernando de Noronha, restaurantes e projetos em educação. Mas sua carreira na TV Globo foi ficando cada vez mais séria. Em uma palestra organizada pela Endeavor, organização que impulsiona empreendedores, ele contou que, ao completar dois anos na emissora, foi chamado pelo diretor artístico, Mário Lúcio Vaz, que lhe apresentou dois caminhos: "ir para cima ou ir para fora". Luciano optou pelo primeiro. Para isso, ele precisaria focar. Vendeu tudo o que não era diretamente ligado à televisão: bares, restaurantes, pousada. "Liquidei a fatura e reiniciei a minha vida; foi um gesto de desprendimento."

Julio chegou exausto à reunião, achando tudo aquilo uma imensa perda de tempo. Naquele primeiro ano da empresa, ele dormia três ou quatro horas por noite, estava sempre cansado. Nessas condições, ele apresentou a empresa ao Luciano. Na verdade, Luciano não estava pensando em injetar dinheiro em mais nada: contou que tinha deixado todos os seus investimentos anteriores, mas continuava com alguma participação no Grupo Reserva, empresa carioca de vestuário. Ainda assim, ele ficou bem animado com o modelo, gostou do Julio e do Peixe. "Tenho sangue de empreendedor, como posso participar desse negócio?", perguntou Luciano. Julio ainda não sabia ao certo, mas prometeu uma resposta em breve. Ele conversou com um investidor, pensou mais um pouco, e se deu conta de que Luciano poderia agregar valor e credibilidade à marca; uma das formas seria divulgar o Peixe nas redes sociais. A negociação levou dois meses. Luciano entrou com uma participação minoritária, e em dezembro eles assinaram um contrato; aquele foi seu primeiro investimento em Internet. Até então, ele estava imerso na indústria da TV.

Em novembro, outro nome de peso aportou no Peixe: Luke Cohler, um americano absolutamente apaixonado pelo Brasil, fluente em português (pediu aula particular aos pais quando era adolescente) e diplomado em planejamento urbano e políticas públicas pela Universidade Princeton – sua tese foi sobre Curitiba. Luke é irmão de Matt, investidor da Benchmark Capital, e foi apresentado meses antes ao Julio por um amigo em comum. Na época, Luke estava de malas prontas para mudar-se dos Estados Unidos para São Paulo. Ele trabalhava em uma consultoria e seu plano era ficar seis meses na filial paulistana. Naquele momento, Julio estava abrindo o Peixe Urbano, então eles mantiveram contato. Em uma de suas idas ao Rio, Luke participou de um jantar com Julio e ali acertaram os ponteiros. Findo o período de seis meses em São Paulo, ele refez as malas e mudou-se para a capital fluminense.

Ainda sem missão definida, Luke tornou-se um curinga – era alocado para todas as áreas onde pipocavam casos urgentes. Tudo aquilo era inédito para o recém-chegado da área de consultoria, em que tudo é teórico. Agora ele estava no campo de batalha. Uma de suas primeiras tarefas foi testar um sistema de ponto de venda para fazer um resgate digital de cupons e criar um programa de fidelidade. "Meu primeiro instinto foi fazer uma apresentação em PowerPoint, diferente da opinião da equipe: 'Não temos tempo para teoria ou estratégia. Junte a galera na sala. Vamos atuar, vamos agir, vai lá, vai para a rua, tente'", lembra ele.

Luke acredita que, apesar de tanto dinamismo, sua visão estratégica agregou bastante. Afinal, ele via muita gente agindo com pressa, sem dar um passo para trás e pensar em cada atitude. "Essa visão fazia falta; o time era composto por muita gente nova. Eu mesmo tinha 26 ou 27 anos." Ao longo do tempo, Luke tornou-se 25% "escrivão" do Julio, participando das reuniões, atuando como braço direito. E, os outros 75%, vestindo mais de dez chapéus.

Enquanto isso, nos Estados Unidos, a manchete do mercado era a oferta do Google para comprar o Groupon. O Google buscava entrar na publicidade off-line, algo que, na visão de investidores da área, poderia ser um casamento perfeito. O Google ofereceu 6 bilhões de dólares, chegando a subir a oferta para 9 bilhões. Mas o Groupon fugiu do altar. Segundo Nicholas Carlson, especialista em tecnologia, do site Business Insider, a recusa se deu por motivos que incluem preocupações do Conselho com medidas antitruste, e por imaginar que a fusão imporia regulamentações ao Groupon. Na época, o Google batalhava nessas duas esferas, estando sob investigação em dois casos antitruste na Europa, e em batalhas regulatórias para adaptar recentes aquisições. Fontes de Carlson dizem que nunca acreditaram que a negociação de fato iria para a frente, e que o Groupon crescia tanto que havia confiança de que a empresa continuaria naquele ritmo. Para investidores do setor, incluindo brasileiros que paqueravam o mercado de compras coletivas, a oferta foi o pico da Curva de Hype. Quem não entrou, era hora de entrar. Ou então, calar-se para sempre.

No final de 2010, o Peixe tinha nove meses de vida, 5 milhões de usuários e contava com 5 engenheiros de software. Mas a busca por talentos tecnológicos não parava. Toda a tecnologia do Peixe Urbano foi criada em casa, e isso inclui os sistemas internos, os sistemas de serviço ao consumidor, pagamentos, processo de cartão de crédito, comunicação e aplicativos. Na fase inicial, esse time teve de desenvolver uma ferramenta de envio de e-mails, porque nenhum provedor de sistemas de e-mail no Brasil era capaz de enviar o volume de mensagens diárias do Peixe Urbano. Por algum tempo, o Peixe foi a empresa que mais disparava e-mails no país. "Os primeiros dois anos foi só crescer, crescer, crescer. O desafio foi conseguir criar uma estrutura de tecnologia e operação hoje, que se sustentará amanhã. A empresa tinha que pensar adiante para lidar com o volume que viria num futuro próximo", dizia Alex.

■ ■ ■ ■

CAPÍTULO 12

Um CEO de bermudas

O Julio veio do Vale do Silício, onde caciques, como Mark Zuckerberg, fundador do Facebook, trabalham em salas abertas, sentados ao lado dos programadores, respirando a cultura "flat". Ele fazia o mesmo. Julio sempre circulava pelo escritório, mostrando-se aberto e disponível. Tanto ele quanto Alex e Emerson usavam mesas e cadeiras iguais às da equipe. O computador deles também era do mesmo calibre. Na visão do Julio, uma mesa mais bacana e um computador mais possante são apenas ferramentas para fazer um trabalho mais aprimorado: algo conquistado por mérito – e não por salário, tempo de casa ou idade.

A percepção de humildade que a equipe tinha do Julio ia além: ele ia para o trabalho de ônibus, algo indiscutivelmente incomum quando se trata de donos ou CEOs no Brasil. "O Alex e eu não tínhamos acesso a uma comida diferente, ou a uma política de gastos diferente, não tínhamos o direito de ficar num hotel melhor, viajar num assento de avião mais confortável. Todo mundo era igual, qualquer um poderia falar: 'Julio, acho que não é assim que a gente tem que fazer, vamos fazer de outra forma'. Todos podiam nos questionar e até discordar – a gente sempre teve uma transparência gigante na empresa."

Para aqueles jovens era uma novidade trabalhar para alguém que parecia um colega de escola, e não como um amigo do pai. Não era assim que operavam os portais de Internet que surgiram dez anos antes, cujos donos tinham o dobro, ou mais, da idade dos jovens que trabalhavam ali. Ver um CEO jovem, de camiseta e bermuda, era inédito para crias de um país onde a cultura de tecnologia ainda é minúscula, e onde o ambiente de trabalho é enraizado na cultura da hierarquia, do dono e da empresa familiar. Julio tentava passar para o time que era, sim, o "dono" e acionista majoritário, mas na verdade o Peixe tinha dezenas de donos, incluindo gente ali de dentro, e investidores. Ele se apresentava como "um executivo que poderia ser dispensado pelo Conselho a qualquer momento". Ao mesmo tempo, muitos sabiam que a palavra final sempre era de um dos três mosqueteiros.

Criado em escolas de administração dos Estados Unidos e também dentro da cultura norte-americana, Julio tentava passar para a equipe a ideia do código de honra: qualquer tarefa deve ser executada porque "aquela é a coisa certa a ser feita" – e não "porque o chefe mandou". Ele reforçava, no entanto, que cada um deveria opinar somente em sua área – quem era do departamento jurídico ou de tecnologia era bem-vindo a palpitar somente no seu quadrado. Mesmo para o número de pessoas estourando como milho de pipoca era importante manter a cultura e o DNA de startup, como agilidade, proatividade e ambiente fértil. Mas com duzentos ou trezentos funcionários não dava mais para resolver problemas numa mesa de bar. Era um desafio não deixar o Peixe se burocratizar demais – dessa forma, a empresa se tornaria ineficiente e pararia de atrair pessoas que querem, justamente, o oposto de uma corporação. Em determinado momento, Julio passou a se envolver com as grandes questões da empresa, e os funcionários passaram a vê-lo cada vez menos. Eles entendiam que não se tratava de indiferença, apenas o acúmulo de novos compromissos.

No Peixe, implementou-se desde sempre a cultura da transparência e a do *team work*, ou trabalho em equipe. Isso significa que qualquer um tem a liberdade de, delicadamente, apontar erros para o presidente da empresa. Julio sabia que essa abertura é algo novo no Brasil, mas novamente sublinhava a meritocracia: para a empresa, não importa quem você é, qual é a sua formação ou a sua idade. Se você tem capacidade e consegue entregar algo com profissionalismo, não importa se você tem 23 anos e o seu subordinado tem 40. Houve o caso de um motoboy, que vez ou outra estava à toa no escritório, mas era uma pessoa interessada e queria colaborar: ele começou a ajudar na parte de tecnologia e logo foi contratado, onde aprendeu a montar rede e multiplicou seu salário por dez. Muitos diretores têm histórias parecidas: alguns começaram como analistas, outros eram estagiários. Por um lado, essa rápida ascensão era um incentivo. Por outro, levavam-se muitas pessoas ainda cruas para o topo.

Além da transparência, o Peixe Urbano levava em consideração alguns índices de performance, incluindo excelência, diversão e senso de urgência. No final do semestre, gestores avaliavam suas equipes e vice-versa. Era importante estar presente nas horas divertidas, porque elas faziam parte da cultura da empresa. O senso de urgência media a capacidade de priorizar, e a transparência refletia a habilidade de trabalhar em equipe. Nem todos se sentiam confortáveis, e nem todos os chefes recebiam *feedback* sem guardar mágoa. No entanto, o esquema era indiscutivelmente produtivo. Essa transparência e abertura se refletiam em um evento que Julio promovia chamado "Papo de Peixe": uma vez por mês eles se reuniam com toda a equipe, promovendo palestras dadas por pessoas de dentro ou convidados. Essa foi mais uma adaptação da cultura do Vale do Silício. No Google, promove-se religiosamente, todas as sextas-feiras, o TGIF (Thank God It's Friday), expressão em inglês que significa "Graças a Deus é sexta-feira". Trata-se de encontros com Larry Page, Sergey Brin e outros executivos da equipe, acompanhados por vídeo pelos demais "Googlers" espalhados pelo globo terrestre (são mais de 40 mil), quando pergunta-se de tudo. As questões são submetidas previamente a um programa interno, em que todos têm acesso. As mais votadas pelos colegas são as que serão abordadas e respondidas na reunião.

O Yahoo faz a mesma coisa, intitulando os encontros de FYI (For Your Information), expressão em inglês que significa "Para a sua informação". A CEO Marissa Mayer responde às equipes reunidas na cafeteria da empresa, fala sobre novas aquisições, novos empregados, novos produtos. Um dos episódios famosos conta sobre uma manhã, em novembro de 2013, em que ela leu um livro infantil chamado *Bobbie Had a Nickel*, como se estivesse lendo para crianças de jardim de infância, pausando para mostrar as ilustrações. Quatro mil pessoas escutavam, metade delas presencialmente. A empresa passava por uma crise tremenda, e todos ali temiam uma fase de cortes e demissões. No livro, Bobbie tinha um níquel e tinha que fazer escolhas – o que ele compraria com a moeda? Foi essa a forma que Marissa encontrou para explicar aos Yahoos que ela também se via naquela situação – ela também tinha escolhas duras a fazer. Naquele dia, a pergunta mais votada entre as oito que encabeçaram a lista levou 1.531 votos. Vinham anonimamente de alguém em cargo de gerência que se sentia desconfortável ao "ranquear" sua equipe.

Julio implementou no Peixe a coragem para os CEOs darem a cara para bater. O evento mensal seguia duas regras: o time poderia perguntar o que quisesse e o Julio tinha que responder. Todos tinham acesso aos números da empresa e ao faturamento, sob o acordo de sigilo. Julio também convidava nomes de peso para dividir experiências e visões com o time. Por lá passaram executivos como o mineiro Joaquim Ribeiro, então CEO da empresa de relógios Technos, o americano Dave Goldberg, fundador do Survey Monkey, os investidores Eric Acher, Matt Cohler e Chamath Palihapitiya, e Antônio Carvalho, proprietário da pizzaria Monte Vero, no Itaim, em São Paulo. No entanto, uma das palestras mais marcantes foi dada pela Ana, uma das faxineiras do Peixe. Ela subiu num pequeno palco, perante um slide de fotos que alguém ajudou a preparar. Sentados no chão estavam o CEO e o diretor financeiro, entre todos os outros espectadores. "Vocês não limpam o banheiro, vocês não cuidam do que é de todos", disse Ana, acompanhada por imagens que provavam a sua fala. Como todas as outras, a palestra durou aproximadamente 15 minutos, desconstruindo a noção de hierarquia e ressaltando que todos têm importância dentro da empresa, incluindo a limpeza, que, no final das contas, é vital.

■ ■ ■ ■

Fondue no verão

Era inegável que o Peixe Urbano trouxe muita gente para a Internet: foi ali que se deu a primeira compra on-line de milhões de pessoas. Julio sorri ao falar daqueles que achavam que nunca teriam acesso a certos serviços. Ele gostava de ler os e-mails enviados ao Peixe, relatando histórias, como a de uma manicure cujas clientes eram mulheres da alta classe. Sua primeira compra on-line foi um cupom para um corte de cabelo na zona sul carioca. No salão, foi servida com suco de laranja e champanhe. "Nunca soube que isso era possível", escreveu ela para o Peixe. "Ela ainda comprou um ingresso para ver a orquestra sinfônica, sua primeira experiência em teatro", conta Julio. Ele reforça que a criação do Peixe encaixou com a ascensão da classe média no Brasil. "Uma classe menos privilegiada passou a ter acesso ao lazer, à cultura – os cupons de desconto do Peixe foram o empurrãozinho que muitos precisavam para ir ao teatro, fazer um tratamento de beleza ou comer sushi pela primeira vez."

Alguns empresários sabiam usar bem o modelo: atraíram novos consumidores, tratavam todos cordialmente, e tinham lucro na operação. Emerson gosta de contar o caso do restaurante de fondue "Era uma vez um Chalezinho", no bairro do Morumbi, em São Paulo, cuja rotatividade é intensa durante o inverno. Eles precisavam encher a casa durante o verão, e viram o Peixe como uma boa ferramenta. A venda foi fechada pelo Theo e transformou-se num caso de compra meteoro do Peixe. No primeiro dia, voaram 7 mil cupons, por 100 reais cada um, um valor muito acima do tíquete médio do Peixe, e que ao mesmo tempo representava cerca de 55% de desconto por refeição. Neste caso, o combinado era diferente: o Peixe ficaria com 30% da operação, em vez de 50%. Como o Peixe Urbano ainda não era conhecido, dezenas de usuários ligavam para o Chalezinho; a equipe do restaurante não entendia nada, e dava o número do telefone do próprio Theo para os usuários. O celular não parava. Ligavam o dia todo perguntando se a tal oferta era verídica. O restaurante ia além, fazendo acordos com fornecedores de vinho e chocolate, para oferecer os dois produtos da promoção. Além disso, manteve-se fiel ao Peixe: não fazia oferta em nenhum outro site de compras coletivas.

Theo orgulha-se ao lembrar que muitos garçons, que trabalhavam sazonalmente na casa, vindos de cidades do Ceará, passaram a trabalhar também no verão. A primeira vez que Theo foi jantar lá, como cliente, um garçom foi a sua mesa para agradecer – em vez de seis meses por ano, ele tinha trabalho garantido o ano inteiro. "Espremendo daqui e dali, o restaurante lucrava. Tanto, que o Chalezinho passou a fazer a promoção mais espaçada durante o inverno", lembra Emerson. Esse foi um restaurante que nunca se desligou do Peixe e comprometia-se a fazer promoções apenas com eles. Outro bom exemplo foi o restaurante Monte Verde, também em São Paulo. Certa vez, Emerson foi lá conversar com o dono – aproveitou e comeu uma pizza. O dono sentou com ele. A casa estava cheia, com cerca de 200 pessoas – naquela noite, 99% das mesas estavam ocupadas via Peixe Urbano.

■ ■ ■ ■

CAPÍTULO 13

Mais gente, mais escritórios

O número de contratações aumentava. Além do sobrado e de um escritório na Rua Voluntários da Pátria, o Peixe ocupou mais uma sala no mesmo prédio, e outro endereço também no bairro de Botafogo. As pessoas trabalhavam espalhadas pelas diversas salas, até que se decidiu que todos deveriam ficar juntos. Foi alugado, então, um casarão – centenário e tombado – em Laranjeiras, que antes abrigava o antigo colégio PH, na Rua Pereira da Silva, perto do Largo do Machado, para onde eles se mudariam em janeiro de 2011. Em cada escritório instalavam-se quilômetros de fios, mesas, cadeiras, computadores, paredes recebiam nova pintura, tudo para tornar o ambiente bacana. O projeto inicial era reformar o casarão, e Luke foi o escolhido para tocar a empreitada.

Nomes de arquitetos começaram a surgir, alguns deles vindos de escritórios grandes e renomados. A cúpula do Peixe se reuniu com todos. Uma das candidatas foi Bianca da Hora, dona de seu próprio escritório, de médio porte, indicada por uma amiga da Irit. Ao saber da concorrência, ela quis ser a primeira da fila. Carioca de sotaque acentuado, ela chegou ao escritório por volta das oito horas da manhã e logo notou "um monte de gente tumultuada". Durante a reunião, reforçou-se a ineficiência de se trabalhar divididos em dois bairros. Eles precisavam de um escritório capaz de acomodar todas as equipes, mas que tivesse espaço aberto, onde elas pudessem interagir, seguindo o espírito das startups. Bianca sugeriu um ambiente com salas estilo "aquário", e acrescentou: "Se é Peixe Urbano, temos que montar um aquário de verdade". Bianca acredita, inclusive, que ganhou a concorrência por causa dessa ideia.

Ao longo da conversa, no entanto, Bianca se deu conta de que o casarão era tombado, o que impunha uma série de restrições – a reforma sairia uma fortuna e o novo projeto não comportaria o crescente número de funcionários. "Vocês terão de ir para outro lugar", alertou. Bianca foi contratada. E assim começou a "saga", nas palavras dela: a busca por um novo escritório. A arquiteta visitou todos os possíveis pontos com eles, analisando todos os prós e os contras. O ideal seria um espaço de 1.500 metros quadrados para comportar a equipe inteira – ao mesmo tempo, calculavam que, se a empresa continuasse a crescer naquela velocidade, seria mais inteligente alugar um espaço de 2.500 ou até 3 mil metros quadrados para evitar uma nova mudança. Apenas duas regiões do Rio oferecem tal espaço: o Centro da cidade e a Barra. Além disso, como lembra Letícia, eles queriam "algo estilo Vale do Silício, com refeitório, videogame, muitas salas de reunião, espaço aberto, um ambiente inovador e criativo". Em suma, uma pegada do Google, que traz o conceito de bem-estar, com o desejo do Julio de fazer algo "muito carioca, que lembre Búzios, que lembre praia". "O Julio é um visionário, ele queria conforto absoluto para as equipes sentirem prazer de ficar no escritório."

■ ■ ■ ■

Hola, que tal?

Ao ver que o modelo de compras coletivas se alastrava também pelos países vizinhos, Emerson levantou a questão ao Julio. "O que a gente faz? Focamos em mais cidades do Brasil? Entramos em cidades com mais de 500 mil habitantes e assim chegaremos a 70 cidades no total? Focamos em mais umas 40 cidades nos próximos seis meses ou vamos para a Argentina?". Eles optaram por tudo: continuar fortes no Brasil e conquistar os mercados vizinhos. Para essa missão, eles selecionaram uma executiva chamada Carla, que veio indicada por um conhecido do Mercado Livre, onde ela havia trabalhado. Carla vivia em Buenos Aires.

Emerson a entrevistou por telefone, enquanto ela caminhava por um supermercado. Não demorou muito para ele e Julio embarcarem para a capital portenha e encontrá-la pessoalmente. Os três jantaram em uma churrascaria, onde Julio e Emerson fizeram uma proposta formal: dar o pontapé inicial das operações no país. No começo, Carla foi assessorada por Emerson, e aos poucos foi tocando o trabalho sozinha. Mas, como eles precisavam abrir o negócio em outros países, chamaram outra pessoa para essa missão: Pedro Rivas.

Pedro, namorado de Paula, irmã do Julio, continuava em São Francisco. Ele trabalhava na Apple havia quase quatro anos, desde a formatura em Stanford, cuidando da área de fornecimento e demanda de iPhones. Ao mesmo tempo buscava novas oportunidades, pois "não queria ser o que o chefe dele era". Queria começar seu próprio negócio ou participar de alguma startup em ascensão. Ele foi abordado por Julio por duas razões: a primeira era a confiança. E, a segunda, Pedro é mexicano e conhece bem a região. Inicialmente, no entanto, Pedro nem quis papo: "Olha, não vale a pena a gente conversar; sou praticamente seu parente", disse ele. Mas Julio não se intimidou. Segundo Pedro, para o Julio há uma divisão bem clara: trabalho é trabalho, diversão é diversão, família é família.

De novo, o charme de Julio entrou em ação. Aquela ainda não seria a chance de Pedro abrir a sua empresa, mas seria algo bem próximo disso. Ao mesmo tempo, trabalhar com a América Latina era algo que lhe agradava. Pedro deixou a Apple no último dia útil de 2010 e ingressou no Peixe no primeiro dia de 2011. A rapidez foi tanta que ele colocou todos os seus pertences em um guarda-móveis, saiu do apartamento que dividia com um amigo e passou a viver com o que cabia em uma mala nos dois anos seguintes: duas calças jeans, dez camisetas, dez cuecas, três shorts, três camisetas de corrida e três pares de tênis. E nada mais.

■ ■ ■ ■

Búzios

O ano de 2010 fechou com uma convenção em Búzios. Estavam ali cerca de 250 pessoas, somando todos os vendedores da empresa, além do pessoal do escritório carioca. "O ideal era manter todos na mesma linha de pensamento, na mesma cultura – esta não é uma tarefa tão fácil quando grande parte da equipe está espalhada pelo país. Mas foi possível. As pessoas tinham paixão e orgulho em trabalhar no Peixe Urbano", lembra Emerson. "No Groupon, a gente sabia que o clima era muito pesado, os alemães vieram com uma postura muito militar – então, os vendedores do Groupon se queixavam de que lá era muito complicado. A gente conseguia uma produtividade no mesmo nível em função da paixão. As pessoas trabalhavam de 15 a 17 horas por dia", acrescenta Emerson.

Para preparar a convenção, o Peixe contratou uma pousada grande, inteira. Pouco tempo depois, eles se deram conta de que aquela pousada não seria suficiente, então alugaram uma segunda, na praia de João Fernandes. A empresa continuou a crescer, então a terceira pousada foi alugada. A data foi se aproximando, e para a surpresa e desespero geral da nação, eles tiveram de reservar duas mansões extras. Tudo aquilo foi feito pelo pessoal do Departamento Administrativo, muitas vezes tendo que trabalhar de casa. A logística era insana, exigiam-se estada e ônibus, vindos de todas as partes do Brasil. Ninguém dormia direito, trabalhava-se sete dias por semana, e, há quem diga, até 18 horas por dia. Havia tanta gente trabalhando ali sem parar, que centenas de pessoas ainda não se conheciam. Aquela seria uma boa oportunidade.

O anúncio da participação de Luciano Huck na empresa estava programado para uma festa estilo luau na praia, durante a convenção, que reuniria toda a equipe. Naquela noite, Lauro Jardim, então colunista e editor da revista *Veja*, anunciou a entrada de Luciano no Peixe Urbano, espalhando a notícia pelo país. Luciano gravou um vídeo no celular a ser exibido à equipe em um telão, naquela festa. Julio mostrou o vídeo em primeira mão a Rodolpho na hora do almoço. "Você não imagina o efeito interno, as pessoas vão gritar, surtar", disse Rodolpho ao Julio. Assim que o vídeo foi exibido, ao ar livre, a gritaria foi geral. Julio, de fato, não tinha noção do incentivo que aquilo teria sobre a equipe comercial e de vendas. Ele sabia da força do *branding* que Luciano teria sobre os usuários. Mas, entre os funcionários, foi de fato uma surpresa.

"Julio ficou assustado. Parecia uma cena da turnê dos *Beatles in America*", lembra Rodolpho. Depois do evento, Julio respondeu a Rodolpho: "Você tinha razão. *Beatles in America* talvez seja a comparação certa para tal histeria". Mas nem todos se sentiam confortáveis com aquele tom. Ao ver a cena, Heliene se viu perante uma seita de tom messiânico, algo que a remetia à Amway e ao filme *O Lobo de Wall Street*, estrelado por Leonardo DiCaprio.

Naquela noite, cerca de cem pessoas do time saíram num barco reservado ao Peixe para celebrar o aniversário da Heliene. Muitos sabiam que a vida dela e do Emerson resumia-se à empresa; eles eram de Curitiba e estavam no Rio depois de anos morando nos Estados Unidos. Comemorar o seu aniversário em meio a um evento corporativo fazia sentido. O barco saiu de Búzios e fez o circuito da Baía de Guanabara, passando por Niterói. Lá pelas tantas da noite, Heliene, que vestia uma roupa com paetês, jogou-se no mar. Julio, que não estava bêbado, mas um pouco alegre, fez o mesmo. Emerson olhou a cena, incrédulo, e não ousou acompanhá-los; mergulho de um barco daquele porte nem era permitido.

■ ■ ■ ■

CAPÍTULO 14

A colaboração dos paulistanos

O ano de 2011 começou muito bem. Em fevereiro, Julio voou para São Francisco para dar mais um passo: pediu a namorada em casamento. No mês seguinte, ela anunciou sua demissão ao chefe, empacotou seus pertences e enviou um contêiner para o Brasil. Mas antes de casar com Irit, que cresceu na cultura judaica, Julio tinha mais uma missão: terminar seu curso de conversão ao judaísmo, que começara três anos antes, ainda na Califórnia. Durante um ano ele estudou com rabinos americanos, mas fez uma pausa quando se mudou para o Brasil. Quando Irit chegou ao Rio, eles retomaram as aulas. A conversão exige muito estudo, aprendizado da leitura em hebraico e o compromisso a um mínimo de rituais. Em meio ao turbilhão que era a vida do Peixe Urbano, o casal fazia três horas de aula por semana com um rabino ortodoxo, em Copacabana. Um dos acordos era não matar nenhuma aula. Julio seguiu à risca.

O escritório do Peixe em São Paulo foi inaugurado na Avenida Paulista, na Bela Vista, em fevereiro. Inicialmente, Rodolpho não quis contratar nenhum time desnecessariamente, mantendo uma equipe enxuta de nove pessoas. Para ele, aquele primeiro time foi muito interessante, incluindo gente de tecnologia e do comercial. No mesmo mês, Luciano Huck ligou para Eduardo Grinberg, um amigo paulistano de longa data, com sólida carreira em agências de publicidade, mas com o ativo da pegada digital. "Edu, entrei como sócio em um site de compras coletivas chamado Peixe Urbano. Eles estão buscando alguém de agência de publicidade, você conhece alguém?". Eduardo é dez anos mais velho que Julio. Depois do primeiro contato, eles passaram a se falar com frequência. Sempre ocupado, Julio só ligava para ele às onze e meia da noite – mas, claro, nunca sem antes pedir permissão via torpedo.

As conversas foram esquentando, e, em uma das reuniões no escritório da Avenida Paulista, Julio chamou Emerson para a mesa. Eles apresentaram uma questão interessante: o Peixe estava sendo visto como o site número um de audiência no país, o que atraía pessoas do mercado publicitário. Vários deles procuravam o Julio, mas ninguém do Peixe sabia quem eles eram. Ao ouvir os nomes, Eduardo notou que se tratava de gente graúda: uma delas era Paulo Cesar Queiroz, sócio do Nizan Guanaes no Grupo ABC. Eram pessoas relevantes, que precisavam ser atendidas. O segredo era saber como casar interesse publicitário com compras coletivas.

Depois de alguns dedos de prosa, Eduardo veio com a solução: criar ofertas patrocinadas por marcas. A primeira ideia para explicar a matemática foi esta: "Imagine o Peixe criar uma oferta para o Dia dos Namorados, oferecida pela marca de camisinha X. O site oferece desconto no Motel Y, mas quem cobre o custo do desconto é a camisinha. Trata-se de uma ação de marketing, cuja oferta é um presente da marca para o cliente". Bingo. "Todo mundo aqui está empenhado em ganhar dinheiro, e vocês querem me colocar no marketing, onde se gasta? Quero bolar algo que ajude vocês a ganhar dinheiro!", disse ele ao Julio e ao Emerson. Julio brincou de volta: "Não fale isso, porque só queremos gente que nos faça ganhar dinheiro".

Dessa forma, Eduardo virou uma espécie de consultor, trabalhando no escritório paulistano, mas se reportando ao Emerson. Apesar do título, ele trabalhava como os demais: em horário integral e muito mais do que o imaginado. Ele passou a treinar coordenadores comerciais e gerentes de campo – os mesmos que atendiam restaurantes e outros serviços – a lidarem com o mercado publicitário. Eduardo trouxe ainda um diretor de arte, o Eduardo Wexler; eles eram os "Edus", que passaram a funcionar dentro do Peixe como uma dupla publicitária. Eles traziam patrocinadas, marcas que não queriam ofertar no Peixe por acharem que não seria construtivo para suas imagens. Grinberg e Wexler os abordavam com minicampanhas de *branded content*: uma delas por dia chegaria a milhões de pessoas. Eles sustentavam a tese levando métricas do mercado on-line para as agências de publicidade. "Era, acima de tudo, muito divertido", lembra Edu Grinberg.

Além da gerência de publicidade, que não era volumosa, mas estratégica, Eduardo era uma peça fundamental para situar os executivos do Peixe no *modus operandi* e no quem é quem do mercado publicitário e de entretenimento. Esta foi uma segunda área que Eduardo passou a gerenciar – não foi exatamente o chapéu que ele escolheu vestir, mas queria ajudar o Peixe naquela questão. O Groupon já tinha seguido por esse caminho, então Eduardo chegou a trazer um de seus profissionais de lá para tocar essa área junto com ele no Peixe. Eles foram abrindo relacionamentos com empresas de entretenimento, como Rock in Rio, ou a gigante Time for Fun, líder da América Latina, responsável por teatros no Rio e em São Paulo, como Credicard Hall, Citibank Hall e Teatro Abril. Aos poucos, as vendas de ingressos para shows passaram a representar 30% da receita do Peixe Urbano.

■ ■ ■ ■

Ao longo dos meses, Theo, vendedor no escritório de São Paulo, foi promovido a coordenador na área de vendas, e ajudava Emerson e Julio a trazer novos talentos para o time paulistano. Segundo ele, valia de tudo: de amigos interessados na área comercial a desempregados. Ao virar coordenador, as regras do jogo mudaram: ele deixava de ganhar comissão por cada oferta fechada e passava a ganhar bônus por meta regional atingida – o salário-base era de 6 mil reais. Por mais que ele soubesse que poderia ganhar menos que seus vendedores, ele tinha em mente seu plano de carreira e a vontade de gerenciar pessoas para crescer profissionalmente.

Seus vendedores ganhavam 1.500 reais mensais, mas vale lembrar que cada um pagava sua conta de celular, que podia chegar a mil reais por mês. Eles estavam de olho nas comissões. Nessa fase, o trabalho do vendedor era outro. O Peixe era o rei da cocada preta, incessantemente bombardeado por telefonemas e e-mails de donos de estabelecimentos querendo abocanhar seu pedaço. Restava ao Theo selecionar os "leads qualificados", como eles eram chamados, e alocá-los para o seu time de vendedores. Os melhores estabelecimentos, no entanto, nunca caíam no colo. Ainda era preciso correr atrás de cada um.

■ ■ ■ ■

A vantagem do Peixe Urbano era a sua marca, já conhecida em território nacional. Ao fincar a bandeira em cidades como Mossoró, no Rio Grande do Norte, certamente já existia cerca de meia dúzia de sites locais por ali. No entanto, a percepção era outra: "Agora, sim, chegou o maior do Brasil". Sem dúvida, um grande impulso para engajamento de parceiros nas cidades pequenas foi a participação de Luciano Huck. Muitos donos de restaurantes só queriam fechar com "a empresa do Luciano Huck". Uma pesquisa de rua abordou dois mil passantes para checar o reconhecimento da marca. O resultado foi positivo, indicando que 70% das pessoas sabiam o que era Peixe Urbano. Era a marca que se transformou na bandeira das compras coletivas, apesar da competição.

Em maio de 2011, o Peixe estourou novamente na mídia por duas razões. A primeira foi o anúncio de mais uma rodada de investimentos, desta vez uma associação com os fundos General Atlantic (GA) e Tiger Global. A jornalista Mariana Barbosa, desde a primeira matéria sobre o Peixe, na *Folha de S. Paulo*, continuou acompanhando seus feitos; lembrou em sua reportagem que o GA é um dos maiores fundos de investimentos do mundo, com mais de 750 milhões de dólares injetados na América Latina. O Tiger Global, ela escreveu, tinha participações no Facebook, no LinkedIn e em sites no Brasil, como Mercado Livre, Decolar, Netmóveis e Netshoes. Mais uma vez, o Peixe Urbano não revelou valores. Mas Julio garantiu que o capital investido foi maior do que a rodada anterior, que contava com a Monashees e a Benchmark. O plano era usar o novo investimento para expandir o Peixe pela América Latina.

A segunda razão que ganhou a atenção da imprensa foi uma campanha de televisão estrelada por Luciano Huck. Criada pela agência AlmapBBDO, de São Paulo, Luciano contracenava em situações divertidas com uma dupla de atores vestidos de peixes, totalizando seis filmes de 30 segundos veiculados em canais de TV por assinatura e em cinemas. Diversas agências participaram da concorrência para a campanha. Mas foi a reunião com os publicitários que entrou para a história – e não por causa da ideia. Tratava-se de uma imensa sala de reunião na capital paulista. Ali estavam os profissionais que apresentariam suas propostas, o Julio e a Bela. De repente, os publicitários abriram uma parede falsa – dali surgiram garçons e uma mesa onde seria servido um sofisticado almoço, incluindo salmão e afins. Perante a cena, Julio brincou: "Bom saber que tem comida aqui; quase comi uma coxinha na esquina". Essas surpresas não o impressionam e jamais influenciariam sua decisão. Bela lembra que o Julio deixou os publicitários sem entender nada. "Ele desconstruiu tudo", conta ela.

O episódio entrou para a história como um momento cômico, no entanto Julio fechou negócio. O investimento na campanha foi enorme para o Peixe, e não o suficiente para a agência. Foi importante estar alguns minutos na TV Globo, mas todo aquele esforço foi visto como um erro. Ninguém gostou: nem o Julio, nem o próprio Luciano, nem quem estava preocupado em aumentar o tráfego do site. Luke liderou uma pesquisa quantitativa que apontou que os filmes não geraram tanto impacto.

Eles concluíram que as mídias on-line eram muito mais eficientes para compras coletivas. Olhando para trás, há quem diga que o erro foi ter seguido o Groupon, que decidiu deixar sua marca na TV. No caso do Peixe, gastou-se dinheiro, reforçou-se a imagem do Luciano, mas os resultados de vendas foram insatisfatórios. Eles viram ali que quem busca *branding* pode ir por esse caminho – quem busca performance, não. Mas em momento algum Julio se arrependeu daquelas horas de trânsito na Barra para se reunir com Luciano. Não demorou para ele reconhecer a credibilidade, confiança e carisma que seu nome representa. Sem falar no impacto que ele tem nas classes A, B, C e D. "Luciano não virou o nosso garoto-propaganda, mas a cara do Peixe Urbano", lembra Julio. Além da mídia social, ele foi fundamental na criação de parcerias em cidades pequenas: os donos de estabelecimentos, restaurantes e hotéis sentiam confiança na imagem dele. Eles pensavam: "O pessoal do Peixe Urbano não vai me roubar, porque é este o site do Luciano Huck".

O impacto também foi positivo para os funcionários do Peixe – eles se sentiam seguros sabendo que o Luciano estava apostando na empresa. "Ele é uma pessoa muito inteligente, está sempre ligado, gosta de pensar, entende muito de negócios e de empreendedorismo. Uma conversa com ele agrega muito valor à operação. A gente conversava todas as semanas, ele sempre me telefonava ou mandava mensagens, sempre tinha uma ideia. Nós nos damos bem pessoalmente, e ele estava muito envolvido", diz Julio.

■ ■ ■ ■

Peixe do Bem

Bela, que sempre foi ligada ao Terceiro Setor, um dia se reuniu com o Julio e disse que, com milhões de pessoas cadastradas, eles tinham grande poder de mudança social nas mãos. Julio deu carta verde para ela criar alguma coisa. E assim nasceu o "Peixe do Bem", um projeto que lidava com cidadania corporativa. Na época do Natal, a equipe escolheu três ONGs ligadas ao assunto: uma era do Luciano Huck, a segunda chamava-se Ensina e a terceira foi a Brazil Foundation. Os usuários podiam doar dez reais inúmeras vezes. Foram arrecadados 12 mil reais, o Peixe dobrou o valor, e eles dividiram para as três organizações. "Foi superbacana, só que o valor arrecadado foi pouco, considerando uma lista com 20 milhões de pessoas", lembra Bela.

Logo após o desastre na região serrana fluminense, no verão de 2011, cujas tempestades mataram quase mil pessoas e centenas ficaram desabrigadas em razão da queda de barragens, o Peixe Urbano, com envolvimento também da Letícia, promoveu uma campanha. Dessa vez o Peixe arrecadou 40 mil reais – eles ajudaram a reconstruir casas e criaram um blog em que os usuários podiam acompanhar os feitos.

Mesmo bem intencionada, Bela remava contra a maré da desconfiança enraizada na cultura brasileira: há quem pensasse que as campanhas eram feitas para que o Peixe "arrecadasse cadastros". Esse episódio, de certa forma, queimou a imagem de Luciano Huck com o Peixe: o grande público achou que ele também queria "levar vantagem" ao promover a campanha. A partir dessa experiência, Letícia achou melhor ele se recolher um pouco na esfera da mídia social para não provocar mensagens que eram vistas de forma equivocada pelas massas.

Para continuar a ajuda humanitária, seria mais interessante promover ofertas nacionais e depois doar parte do dinheiro para projetos sociais específicos. Eles então criaram parcerias com algumas empresas, como a Photo, de São Paulo, que vendia muitos fotolivros pelo Peixe Urbano. Eles toparam doar parte da comissão para um projeto anual. Com isso, conseguiram realizar iniciativas de peso, inclusive uma no Complexo da Maré, no Rio de Janeiro. Ali, crianças (ex-traficantes atendidas pelo Projeto Vida Real) tinham aula de fotografia. Elas registravam a visão de quem vive em uma comunidade tomada por tiroteios. Essas fotos viraram exposição, promovida por uma amiga da Bela, e foram colocadas lado a lado com fotos de artistas renomados – as crianças visitaram a mostra. Além disso, as fotos foram expostas no Facebook para que os usuários do Peixe votassem na melhor delas. O vencedor ganhou uma bolsa de estudos para fazer um curso profissional. O modelo desse projeto foi replicado na favela da Brasilândia, em São Paulo, em um workshop de grafite via ONG Mensageiros da Esperança. O Peixe deixou ali uma oficina de estêncil para as crianças fazerem camisetas.

■ ■ ■ ■

CAPÍTULO 15

América Latina

Pedro Rivas, o quase cunhado de Julio, embarcou na empreitada da abertura do Peixe Urbano na Argentina, onde a Carla já estava envolvida havia dois meses. Batizado de Pez Urbano (nome que levaria em todos os países de língua espanhola), a empresa alugou um apartamento de dois quartos em Buenos Aires, onde Pedro morou por quatro meses – um dos quartos acomodava visitantes do Peixe, como Luke, Emerson e Alceu, que chegavam do Brasil para treinar os representantes portenhos. Paula (irmã do Julio), namorada do Pedro, estava cursando MBA em Chicago e, portanto, fora do circuito naquele momento. Assim como no Brasil, vários pequenos sites de compras coletivas começaram a aparecer na Argentina, já que do ponto de vista tecnológico era relativamente fácil montar algo do gênero. Mas do ângulo operacional nem tanto.

A pressão, novamente, era expandir na velocidade da luz. Abrir uma empresa do zero consumiria tempo e cifras gigantes, então a estratégia foi comprar algumas empresas que já tivessem gente suficiente, parceiros engajados e lista de usuários tinindo. O primeiro site a ser comprado estava, na verdade, cambaleando por uma série de motivos, mas acabou sendo a base legal do Pez Urbano na Argentina, abrindo portas para mais cinco ou seis aquisições locais. Pedro vibrava com o fato de que aquelas aquisições trariam para o Pez uma leva de empreendedores com espírito de startup – gente que já tinha passado por todas as alegrias e mazelas das startups. Dessa forma, Pedro não gastou tempo nem saliva explicando o bê-a-bá do negócio. No pico, 110 pessoas estavam trabalhando no país. Ele sabia, no entanto, que cada país da América Latina tem diferenças profundas entre si: 80% do negócio funcionaria da mesma forma em cada um deles, mas para a adaptação cultural e regional dos 20% restantes seria uma luta hercúlana.

O primeiro obstáculo foi a plataforma digital do Peixe. Ela foi criada para ser usada apenas no Brasil, sem qualquer capacidade para englobar sistemas financeiros e operacionais de diferentes países, ou mesmo novos conteúdos. Para ajustar a plataforma do Peixe para a nova realidade, era preciso se voltar à programação de códigos; criar conteúdo na Argentina tornou-se sinônimo de frustração. Aquilo colocou uma grande pressão no time do Alex: enquanto o Brasil crescia meteoricamente com seus próprios desafios, agora chegavam demandas do Pez na Argentina que se espalhavam por 10 cidades e operavam de uma forma distinta, incluindo o sistema de cartão de crédito e de impostos.

Mesmo com tantos percalços, quando Pedro sentiu que a situação estava quase estabilizada na Argentina, ele pegou sua pequena mala e partiu para o México, aproveitando o conforto de morar na casa dos pais. Ele levou para o país um empreendedor argentino que virou seu braço direito nas operações. O primeiro obstáculo local foi comprar o próprio domínio do site, pois algum malandro previu a entrada do Pez Urbano e registrou o nome primeiro para se aproveitar da situação. A segunda trava foi lidar com a imensa desconfiança dos mexicanos com o comércio eletrônico. Sem confiar no sistema de cartão de crédito e de entregas, eles estavam anos atrás do Brasil e da Argentina – tanto que ao chegar à Cidade do México Pedro levou um susto.

Sua intenção inicial era aplicar a mesma estratégia usada na Argentina – pesquisar entre os milhares de pequenos sites e selecionar os já estabelecidos, ou os que poderiam agregar algo para o Pez. Porém, havia apenas quatro sites de compras coletivas em um país de 122 milhões de habitantes. E o único que teria uma remota chance de ser adquirido não estava alinhado com o Pez. Restou-lhe começar do zero, criar e expandir a base de usuários em vez de comprá-la. Foram quatro meses de intenso trabalho para selecionar as pessoas certas e deixar o barco navegar sozinho, antes de fazer a pequena mala novamente e mudar-se para a nova parada: Chile.

Desde a sua chegada no México, Pedro já estava de olho em uma empresa chilena que caminhava relativamente bem, com dois ótimos empreendedores e mais quatro funcionários. Eles compraram a empresa, e no começo tudo funcionava bem. O Peixe Urbano tinha agora o Brasil, focado em seu mercado interno colossal, e três países com operações distintas querendo atenção da sede carioca. Nos demais países da América Latina, a forma de fazer o mesmo negócio era muito diferente entre si – incluindo a venda do Pez Urbano para os estabelecimentos locais e contratos de cada país –, por isso Pedro passou a ser uma ponte entre os novos países e o Brasil. De sobremesa, ele ainda tinha que lidar com a adaptação pós-aquisição de cada nova empresa.

Uma dessas novas aquisições, por exemplo, veio com uma grande enxaqueca. A empresa era vítima de uma fraude gigante de cupons vendidos para um pacote de viagem para Nova York. A oferta era pura ficção, passando todos os usuários para trás. Pedro teve de negociar um valor de compra, já prevendo a quantidade de dinheiro a ser pago em prejuízos e estornos, afinal eles passariam a ser os novos donos daqueles problemas. Integrar toda aquela gente de seis empresas que já existiam deu "bastante trabalho", nas palavras de Pedro. O total da operação – que ao todo duraria um ano e meio – chegou a empregar 250 pessoas. O Pez abriu operações em cidades com mais de 500 mil habitantes – na metade de 2011, contava com cerca de 800 pessoas na empresa, em 70 cidades do Brasil, além dos outros países. Olhando para trás, desde janeiro de 2011, o Peixe tinha aportado em Blumenau, Jundiaí, São Luís e Juiz de Fora. Em fevereiro, Cascavel, Aracaju, Balneário Camboriú, Teresina, Pelotas, Piracicaba, Americana e Mogi das Cruzes. Em março, Criciúma, Betim, Guarulhos, Mossoró, Marília e Buenos Aires. Em abril, região serrana do Rio de Janeiro, Uberaba, Volta Redonda, Foz do Iguaçu e Córdoba (Argentina). Em maio, Rosário e Santa Maria (Argentina).

■ ■ ■ ■

CAPÍTULO 16

A simpatia da imprensa

"A quantas anda aquela matéria que a *Exame* está preparando sobre compras coletivas?", perguntou Julio ao Nelson, por telefone. "Você vai sair na capa", anunciou o assessor de imprensa. "Sozinho?", perguntou Julio. "Não. Você, o Florian Otto, do Groupon, e o Marcelo Macedo, do ClickOn", Nelson respondeu. A *Exame* marcou uma data para a foto ser feita na sede da Editora Abril. Ao chegar lá, Nelson surpreendeu-se: Julio estava almoçando com os dois concorrentes. Eles eram amigos, e Nelson não sabia. E ainda se espantou por ser o único assessor de imprensa ali. Julio puxou Nelson de lado e falou: "Na foto, quero sair no meio dos três". Nelson respondeu: "Vou tentar, deixa comigo".

Por questões técnicas – e não por outro motivo –, o fotógrafo Germano Lüders, veterano da revista, colocou Julio no meio, por ele ser o mais baixo dos três. "Além do tamanho, ele é o mais bonito", brincou Nelson. Ao deixar a sessão de fotos, Nelson notou que a equipe do Groupon estava infeliz. Não gostaram do Julio no meio do trio. Em contrapartida, ofereceram à revista *Exame* uma entrevista exclusiva com Andrew Mason, que nunca tinha dado entrevista a um veículo brasileiro. Em junho de 2011, a revista foi para a gráfica com Mason na capa, e a foto dos três nas páginas de dentro, com o Julio no meio. "Dava para ver como eles estavam preocupados", lembra Nelson. "São estratégias de comunicação – uma foto representa quem é que está na frente, quem não está, e o que os caras fazem pra não sair atrás."

Em geral, a mídia sempre tratou o Peixe com carinho. As reportagens eram tantas, que Rodolpho era abordado por pessoas que perguntavam se elas eram pagas. A dúvida chegou a passar pela sua cabeça, mas ele aprendeu como todas as mensagens eram construídas com antecedência, como os *releases* eram pensados e escritos. Ele recorda que algumas estratégias incluíam ir a rádios de cidades pequenas. Tudo era meticulosamente pensado. Certa vez, a Letícia cancelou um almoço com Rodolpho em São Paulo para se encontrar com uma editora da revista *Você S/A*, publicação que se dedicava a assuntos de gestão e carreira. A matéria levou cerca de seis meses para ser publicada – Letícia pedia a Rodolpho exemplos de gestão para ilustrar o texto. Ele não tinha, achava-se péssimo gestor, e já sofria o suficiente com as entrevistas e palestras em cidades do interior. Mas ele nunca perdeu o humor: "Minha prática de gestão inovadora é apenas esta: só contrato japoneses – minha equipe era composta por 75% de tamagotchis (brinquedo digital japonês)". De fato, três entre quatro pessoas tinham ascendência nipônica. Não se tratava de nenhuma política imposta por ele, apenas coincidência. Maria Emília, loira de olhos azuis, brincava ao dizer que ela era minoria.

■ ■ ■ ■

No Rio de Janeiro, a busca por um novo escritório continuava. A cúpula do Peixe elegeu o Centro da cidade por alguns motivos: os escritórios eram mais espaçosos e eles queriam um bairro de fácil acesso ao metrô (lembrando que o Julio não dirige, então ele também se beneficiaria com a escolha) e perto do porto, aonde chegam as barcas de Niterói, residência de grande parte da equipe. Foi tudo bem pensado. Até que visitaram um prédio especial na Avenida Presidente Vargas, coração do Centro do Rio de Janeiro. Tratava-se de um prédio novo, imponente e verde (ou seja, com práticas de sustentabilidade). Custo: 180 reais por metro quadrado. Julio alugou três andares, assinando um aluguel de 540 mil reais por mês. A ideia era alocar 400 pessoas por andar e reservar um dos andares para criar um *lifestyle* para os funcionários. Julio lembra que na época foi divulgada uma pesquisa indicando que o Rio tinha o mercado imobiliário comercial mais caro das Américas, até mesmo de Manhattan. Juntando o tamanho que eles precisavam e o preço dos aluguéis, ele diz que "de certa forma a gente foi forçado a alugar um espaço muito caro por metro quadrado". Em agosto começaram as obras.

Àquela altura, primeiro semestre de 2011, o Peixe tinha 12 milhões de usuários cadastrados em 70 cidades, além da Argentina e México. As estimativas eram de 1 milhão de cupons vendidos por mês, com receita de 27 milhões de reais. A empresa ocupava a *pole position* no Brasil, estimada em 700 milhões de dólares, quando o banco Morgan Stanley e o fundo T. Rowe Price entraram como investidores primários (injetando dinheiro na empresa) e parcialmente secundários (comprando ações de outros investidores). Ao mesmo tempo, pairava um rumor que nunca foi confirmado, portanto não passou de rumor, de uma empresa interessada na compra do Peixe. Executivos do setor citam o próprio Groupon. Julio nega.

Se fosse verdade, e se essa compra se consolidasse, os investidores-anjos embolsariam 50 vezes o que cada um investiu; e aqueles que investiram nas rodadas seguintes embolsariam 20 vezes mais. Por outro lado, Julio sabia que os primeiros investidores e o time que fundou o Peixe tinham comprado uma visão de longo prazo, de construir "a maior empresa de comércio eletrônico do país". Menções na imprensa estimavam que o Peixe vendia cerca de 1 milhão de cupons mensais, gerando receita mensal de 9 milhões de dólares sobre o total de 20 milhões de dólares de vendas de cupons. Julio não vendeu o Peixe.

■ ■ ■ ■

Ao mesmo tempo, algo começava a incomodar profundamente o Julio: o Groupon não parava de "roubar" funcionários do Peixe, oferecendo salários mais atraentes. Segundo ele, o competidor nunca teve muito sucesso com isso, mas era algo desconfortável. Um belo dia o Peixe decidiu dar o troco, para mostrar que "eles também podiam fazer o mesmo, e fazer melhor". Em uma só tacada, eles tiraram dez funcionários-chaves da sede do Groupon, em São Paulo, inclusive executivos que encabeçavam a parte comercial, além de gente de *business intelligence* e engenheiros de software.

"O pessoal do Groupon ficou superirritado conosco. Eles tentaram dar o troco, sem sucesso, porque a nossa equipe era mais leal", lembra Julio. Ainda assim, a vinda dessa nova turma não soou bem. Os executivos começaram a implementar novas regras, novas filosofias, e a incomodar com críticas. Notou-se ainda que o escritório paulistano tinha muito cacique para pouco índio, além de ter sido tomado por papos de corredores e especulações de que o Emerson iria sair, e que uma executiva dessa nova leva tomaria seu lugar. Os rumores chegaram aos ouvidos do Julio e do Emerson, que foram a São Paulo para averiguar. O mal-estar durou cerca de cinco meses, até que Emerson convenceu o Julio de mandá-la embora junto com mais alguns. Rodolpho observava tudo de longe – achava tudo aquilo "um circo". Ele era o homem da tecnologia, de produto e de marketing. Quando a leva de caciques passou, ele ficou como o único diretor de São Paulo, sempre se reportando ao Julio e trabalhando com o Alex. Ele brincava dizendo que era o síndico e convocava a equipe para "reuniões de condomínio".

■ ■ ■ ■

CAPÍTULO 17

Nova etapa

O Peixe crescia como massa de bolo no forno. A atmosfera de startup era coisa do passado. Com isso, surgiu a necessidade de trazer gente com mais bagagem para a festa. Eles acionaram um *headhunter*, com a missão de fisgar uma nata de executivos de primeira linha. Era hora de pôr fim ao oba-oba das contratações do "amigo do vizinho do padeiro", e criar uma estrutura profissional sólida. As contratações eram anunciadas à imprensa, listando o cargo que cada um ocuparia. Alexandre Ferraz assumiu a Diretoria de Marketing do site, depois de mais de 15 anos de experiência em corporações, como Infoglobo e Estácio Participações. E Luis Carlos Freitas assumiu como CFO do Peixe – ele foi diretor financeiro de diversas empresas do Grupo Souza Cruz, CFO da Dell Computadores Brasil e posteriormente CEO da operação brasileira da Sea Containers e da Graphic Packaging. O Peixe ainda tinha caixa suficiente para pagá-los muito bem.

Nessa leva entrou um nome de peso do mercado para formalizar o crescimento da empresa. O *headhunter* telefonou para Maria Fernanda Ortega, psicóloga paulistana com carreira expoente em Recursos Humanos. Na época, ela trabalhava na Fnac, em São Paulo, rede francesa de lojas de livros e DVDs, já com um cargo muito privilegiado, reportando-se diretamente à França. Maria Fernanda é conhecida por ter uma maturidade anos-luz à frente de seus trinta e poucos anos, e por ter passado por bancos e varejo. Aquele era o perfil que o *headhunter* estava procurando para o Peixe. "Você sabe o que é startup?", perguntou o *headhunter* ao telefone. Sem citar o nome da empresa, ele contou que a sede ficava no Rio de Janeiro, e tinha um plano agressivo de ampliar o time de 200 funcionários para mil ou até dois mil. Eles buscavam alguém para estruturar essa rota. Maria Fernanda vivia com o marido, o filho adolescente e um cachorro. Ela foi mordida pela ideia de mudar de cidade e de adaptar sua cabeça ao mundo digital. O marido disse que "seguraria as pontas" em São Paulo, e, dependendo da experiência, eles todos se mudariam com ela.

Maria Fernanda, então, partiu para as entrevistas, as primeiras em São Paulo, as demais no Rio. Ao aceitar a empreitada, ela deixou as regalias que a Fnac proporcionava, como passagem executiva para a França, para mergulhar naquele aquário. A promessa do Peixe, além de um bom salário, incluía bilhetes aéreos para ver a família em São Paulo e ações da empresa. Mas ela fez a lição de casa, e sabia que quando se trata de ações, quem ganha dinheiro de verdade são os fundadores. Ela aceitou o desafio pelo prazer de trabalhar de tênis, de fazer parte de algo que só crescia e de saber que seria "uma grande história."

Em agosto de 2011, Maria Fernanda mudou-se para o Rio. Chegando ao escritório, ela analisou a realidade: não havia estrutura de Recursos Humanos, nem mesmo salários definidos. "Era um nada absoluto." Ela viu ali uma oportunidade e liberdade para criar pilares sólidos, com grande parceria do Julio, que se mostrou bastante envolvido nesse processo. Eles trabalhavam até a madrugada estabelecendo novos critérios. Aos poucos, ela foi arrumando a casa, tirando quem estava ali "só para se divertir" e alocando as pessoas certas nos lugares adequados. A Aline, que antes ocupava essa função, passou a fazer parte do time de Maria Fernanda, uma situação um pouco desconfortável. Mas a empresa clamava por profissionalização: a mistura de amizade com trabalho, que veio com as primeiras contratações, não poderia ter mais espaço especialmente na hora de desligar funcionários.

As carreiras desse novo time destoavam. De um lado estavam os fundadores, com experiência acadêmica de peso, mas poucos anos de mercado de trabalho. De outro, a moçada jovem recém-saída da faculdade. A nova leva de executivos chegou com postura corporativa, de mundo tradicional. "Tínhamos o desafio de ensinar a todos ali o que para nós era uma vida normal, e ao mesmo tempo precisávamos nos adaptar ao universo e ritmo que nunca vimos antes. Tivemos que nos desconstruir", disse Maria Fernanda. "Nada que eu fazia antes servia para o Peixe Urbano. Eles contrataram a minha competência e a minha história profissional, mas eu usei muito pouco – não cabia lá. Eu nunca tinha sido desafiada a caminhar naquele ritmo, porque aquele ritmo não existia."

Logo que ela chegou, Julio lhe pediu uma "pesquisa de clima" para descobrir se as pessoas estavam felizes na empresa. Maria Fernanda estava acostumada com pesquisas anuais ou bienais, que precisavam de extensas campanhas de engajamento, e que levavam meses para coletar opiniões anônimas de funcionários. E, mesmo assim, apenas 30% deles respondiam. Ela pediu cinco meses para fazer a pesquisa. Julio respondeu: "Quero para a semana que vem. Use o Survey Monkey". "Survey Monkey? O que é isso?", perguntou ela. Ao descobrir a nova ferramenta digital para pesquisas, encantou-se: recebeu 80% das respostas em poucas horas. Ao mesmo tempo que aprendia, ela sentia que não tinha a mesma abertura para emitir suas opiniões. Ao ver a redação com mais de 200 pessoas – talvez mais do que no *Estadão* –, ela sabia que a conta não fecharia. Não era possível engordar o faturamento aumentando o número de funcionários.

A intensidade de trabalho no Peixe continuava tão frenético que, ainda em agosto de 2011, Ryan Osilla, o americano recomendado por Irit, teve um problema de saúde. Bela o levou para o Hospital Copa D'Or, em Copacabana, onde ficou internado por alguns dias com paralisia facial. "Foi muito rico conversar com ele naquela situação, e me dar conta da importância do equilíbrio entre trabalho e vida pessoal." Depois da alta, Ryan deixou o Peixe Urbano, descansou alguns meses e voltou para os Estados Unidos. Irit assumiu seu posto como gerente de produto. Isso significava ser a ponte entre os engenheiros, o time de desenvolvimento e as outras áreas da empresa – e também dos usuários.

Irit cuidava de qualquer novidade a ser lançada no site ou em novos países, da integração de novos parceiros, lançamento de aplicativos, adaptações para celular, mudança do design, otimização da página de pagamento – neste caso, viabilizar o parcelamento. Irit organizava e priorizava as tarefas para que o time de engenharia não perdesse tempo – e logo percebeu que diversas áreas da empresa achavam que era papel do Alex resolver quase todos os problemas; culpava-se o time de engenheiros por todas as mazelas. Ela sabia que a atitude era uma questão cultural, e que no Brasil o time de tecnologia é pouco valorizado. "Era muito comum tapar erros indicando um 'bug' do sistema, em vez de assumir um erro humano na digitação", recorda. Para os americanos, os engenheiros são a espinha dorsal da empresa – e são tratados como tal. O que Alex achava de tudo isso? "Quando as coisas estão indo bem, todo mundo diz 'está indo bem por minha causa'. Se vão mal, culpam o outro."

Muita gente da equipe ainda tentava usar o nome do Julio para persuadir Irit sobre certos assuntos. Da mesma forma, tentavam usá-la para convencer o Julio sobre alguma ideia. Era difícil tanto para eles quanto para o time separar a "Irit gerente de produto" da "Irit noiva do Julio". Sem dúvida, ela tinha uma grande motivação para que tudo desse certo, e coragem de reportar ao Julio situações duvidosas, assim que eles chegavam em casa. Ele se chateava, e tudo acabava em briga. Um exemplo foi uma mudança que se planejava fazer no site, que ela não priorizava. Havia desconforto em estar naquela posição: ela apontava os erros que via, mas ao mesmo tempo sabia que não estava ali desde o começo. Ela sabia, também, que muitos viam sua presença ali como nepotismo, apesar de sua alta qualificação. Por tudo isso, Irit sentia-se um pouco a "madrasta" do Peixe: aquele era o bebê do Julio, mas ela não era a mãe. Ela aportou na empresa quando o Peixe Urbano surfava na crista da onda, e foi fascinante ver o que o noivo havia construído. Ao mesmo tempo, a empresa arrombou o relacionamento do casal. Eles não falavam sobre outra coisa.

■ ■ ■ ■

CAPÍTULO 18

Embicando para o lado errado

Em 2011, o Peixe Urbano, assim como o Groupon e o Living Social, outro site de peso nos Estados Unidos, ainda não gerava lucro. Depois das rodadas de investimentos da Série A em janeiro e Série B em maio daquele ano, Julio tinha que levantar uma quantidade significativa na Série C para sustentar a expansão geográfica. A ideia era usar o investimento para desenvolver novos produtos, como tecnologia para reservas de restaurantes e entrega de refeições em domicílio. Para o Julio, este era o próximo caminho para transformar o site em *marketplace*. Esta nova rodada se daria no segundo semestre de 2011, enquanto os investidores ainda se mostravam animados, sob o efeito de exemplos como o Groupon americano, que em janeiro daquele ano tinha levantado 950 milhões de dólares, e o Living Social, que arrecadou 400 milhões de dólares em abril. Nessa rodada, os fundadores do Peixe chegaram a vender partes de suas ações para os investidores, embolsando quantias bastante robustas.

As cifras gordas camuflavam outra realidade: o modelo de compras coletivas começava a embicar para o lado errado. E o problema era generalizado. "É um modelo que cresce rapidamente, mas não de forma sustentável", diz Luke. O lado ruim das compras coletivas também começou a afetar inclusive a vida de quem não comprava cupom.

Um caso clássico foi o do restaurante carioca Amir, tradicional ponto de comida árabe em Copacabana, que sempre manteve uma clientela fiel. Um dos *habitués*, um investidor carioca, almoçava no restaurante sempre que tinha reunião de trabalho no bairro. Ele conhecia o garçom e era bem atendido. Até que um dia, desavisado, ele apareceu no Amir durante uma fase em que acontecia uma promoção de compras coletivas.

A dinâmica mudou. Dezenas de pessoas pipocavam na mesma hora, o restaurante não aguentava a demanda e os garçons ficavam atordoados. Um cliente fiel, além de perder a paz, via-se pagando o dobro dos demais. Ele queria comer com calma e qualidade, enquanto muitos ali se preocupavam mais com quantidade. Ele compara que o primeiro queria um *petit gâteau*. O segundo, um bolo tamanho família. Havia naquela situação um conflito de interesses. Quem acompanhava o mercado de perto sabia que empresários que desrespeitam a lógica do comércio em nome de uma ação de marketing, mais cedo ou mais tarde dão com os burros n'água. E a cena no Amir era um exemplo disso.

A reclamação se estende a alguns donos de teatro: eles não cobram aluguel da produção em cartaz, mas recebem uma porcentagem da bilheteria. Ou seja, rezam para ver a casa lotada, pois os custos fixos são os mesmos: com três ou mil pessoas na plateia. Empresários de tradicional teatro no Rio de Janeiro dizem que quando um site como o Peixe Urbano entra no meio das vendas de ingresso, a matemática não fecha para eles. Isso acontece porque o site firma acordo diretamente com a produção de cada peça, e não com a casa de espetáculo.

Para entender a conta: quando o site cobra 40 reais por ingresso de um usuário, ele repassa 30 reais para o teatro. Mas, mesmo antes da compra, o dono do teatro tem que reservar um número estipulado de assentos para aquela promoção, sem a garantia de que todas aquelas reservas serão vendidas. Mesmo encalhados no site, esses assentos só podem ser liberados na bilheteria uma ou duas horas antes do espetáculo. Se ninguém comprar naquele pequeno espaço de tempo, todos deixam de ganhar.

Em casos extremos, as vendas de cupons sem limite levaram parceiros à falência – eles não conseguiam atender os usuários. "Um amigo era dono de uma clínica de estética que se esfarelou devido a uma promoção", recorda Andressa Carrasqueira, prata da casa que ingressou no Peixe em 2010. "Enquanto eu defendia o nosso modelo, ele argumentava que compras coletivas não levavam o empresário em conta", diz. "Ele era muito jovem, aquele era seu primeiro negócio, e ele se endividou. De fato, no início, não tínhamos o cálculo de capacidade de atendimento, não contávamos os minutos de cada sessão. Passamos a fazer cálculo de capacidade dos estabelecimentos e dos profissionais, e checar o estoque do produto oferecido pelo parceiro."

Houve o caso de uma profissional de organização de casas que vendeu centenas de cupons – a situação era tão inviável, que dois dias após a promoção ela comunicou ao Peixe que estava com "esclerose múltipla", incapaz de trabalhar. Já um restaurante mexicano passou por outra saga: não deu conta de comprar farinha necessária para tantos tacos. E faliu. Outros empresários viam a venda de cupons como uma antecipação de caixa: os menos instruídos recebiam aquele dinheiro e logo compravam uma máquina nova, seja na área de estética, seja na de cozinha. Eles esqueciam que, dentro de um futuro muito próximo, teriam de atender um imenso contingente de novos clientes no prazo do cupom. Muitos estabelecimentos se viam sem recursos para receber todos, e ainda tinham que pagar os profissionais que faziam hora extra para atender aquela quantidade de gente. A falta de profissionalização do pequeno empresário brasileiro, somada ao grande volume de dinheiro que ele recebia, e muitas vezes a falta de instrução e treinamento do Peixe Urbano e de outros sites, foi uma péssima receita.

Em alguns casos, o dinheiro que um parceiro recebia como adiantamento era um tentador convite à fraude. Os casos de má-fé, estabelecimentos fictícios e clínicas fantasmas não paravam de pipocar. Seus donos vendiam cupons on-line, recebiam o pagamento, e, quando o cliente chegava ao local, o endereço não existia. Obviamente, antes de fechar um acordo com um parceiro, o vendedor, na teoria, era obrigado a visitar o local pessoalmente. Mas o estímulo às vendas era tão forte e a comissão era tão alta que, em alguns casos, o vendedor do Peixe Urbano, do ClickOn, do Groupon ou de qualquer outro site fingia que aquilo não era com ele. Ao descobrir as maracutaias, o Peixe Urbano eliminava o vendedor imediatamente. Mas, muitas vezes, já era tarde demais.

■ ■ ■ ■

CAPÍTULO 19

Sofrendo com o próprio sucesso

Enquanto os casos de fraude e mau atendimento batiam a casa dos milhares, Letícia tentava tirar o Peixe dos holofotes da mídia – pelo menos até que se conseguisse tomar as rédeas da situação. Emerson reconhecia que era muito difícil achar vendedores do Peixe que fossem aptos a reconhecer boas ofertas e saber selecionar bons estabelecimentos – e quando o Peixe entrou no ramo de hotéis e pacotes de viagens, a situação só piorou. Não havia garantia de que as agências de viagens e hotéis iriam entregar o prometido, e as reclamações eram todas direcionadas ao Peixe. Outro agravante foi o fato de o Groupon e o ClickOn também não darem conta de seus serviços ao consumidor.

Ambos começaram a vender cupons para produtos importados, com episódios desastrosos por falta de entrega. Apesar de produtos não serem o carro-chefe do Peixe, ele também sofria com a falha alheia, porque seu nome estava atrelado a compras coletivas. De fato, a categoria cresceu no Brasil agindo em meio a cambalachos que chamuscaram o modelo de negócios. A grandeza e rapidez das ofertas trouxeram falta de qualidade para dentro do circuito, fazendo com que o Peixe Urbano sofresse com o seu próprio sucesso. "Uma coisa é vender mil *brownies*, outra coisa é vender mil pacotes turísticos de 2 mil reais", lembrava Emerson.

Os executivos do Peixe viviam um verdadeiro pesadelo. Um dos casos clássicos foi o de um vendedor que fechou um pacote com uma agência para a serra fluminense e, de quebra, incluiu uma viagem a Paris. A oferta vendeu cerca de mil cupons para a capital francesa. Sem poder cumprir a promessa, o dono da agência sumiu, desapareceu, escafedeu-se. Julio e Emerson se reuniram com o vendedor para saber o que estava acontecendo – em seguida ele foi demitido. A equipe do Peixe teve de ligar para cada um dos compradores: ao telefone, anunciavam o problema e perguntavam se eles queriam o dinheiro de volta. Muitos não queriam dinheiro – a maior parte queria embarcar. O Peixe, então, comprou as passagens áreas para cada um, montou os pacotes do zero, pagando três vezes mais do que o custo original. Foram cerca de 800 passageiros por 2 mil reais cada um. O prejuízo foi todo do Peixe. Mas não havia saída.

Julio reconhecia a insatisfação em massa e sabia que, provavelmente, muitos usuários tinham acionado o Procon – Programa de Proteção e Defesa do Consumidor, ou escrito para o Reclame Aqui, site que faz a ponte entre usuários e empresas. "Considerando que levamos calote, fizemos tudo dentro do possível para deixar o cliente feliz – ou menos infeliz. Estávamos dispostos a arcar com o nosso erro." Em casos assim, o Peixe oferecia a opção de devolver um crédito no site maior do que o gasto. Por exemplo, se o usuário gastou 100 reais, ele receberia 120; tudo é mais rápido do que a mecânica de ressarcir por meio de cartão de crédito no Brasil.

Julio também sabe que entrar na justiça por pequenas causas é algo muito comum no país, onde há esperança de ganhar entre mil e 3 mil reais extras por "qualquer probleminha". Certa vez, ele mesmo foi acionado porque a empresa ainda estava em seu nome – pessoa física. Julio passou o dia no Fórum por causa de uma cliente que comprou um cupom de salão de beleza. Ela apareceu no tal salão sem marcar hora, e por isso não pôde ser atendida. O dono do salão lhe explicou que ali se trabalhava com hora marcada, mas não adiantou.

A cliente, então, entrou na justiça contra todos. Ao chegar ao Fórum, a tal senhora entrou cumprimentando todos os funcionários – ela sabia até o nome do guarda. Ela era local, aparentemente, fazendo "esquemas" com frequência. A cena não é incomum. "O Rio detém metade dos processos de pequenas causas do Brasil. Proporcionalmente, é muito maior do que qualquer outro estado. Há uma máfia de advogados e pessoas que acionam empresas. O Peixe fez um estudo cujo resultado apontou que dois terços daqueles que acionaram o Tribunal das Pequenas Causas nunca entraram em contato com o serviço ao consumidor."

Claudia Pamplona, que dirige o "Relacionamento com o Cardume", estava na comissão de frente das reclamações; sua equipe não dava conta do número de reclamações. "Vendíamos 5 mil cupons, mas, se houvesse um erro, 10% desse número entrava em contato conosco. Isso representava 500 e-mails por oferta", recorda Claudia. De fato, a pressão era uma demanda muito grande para o seu time. Ela coordenava 80 pessoas, divididas em quatro equipes, dedicados às mídias sociais, como Facebook, Twitter e Reclame Aqui, e atendimentos via e-mail. Em alguns casos, acumulavam-se 10 mil mensagens, exigindo que a equipe virasse a noite para responder a cada uma delas.

Paralelamente, funcionava o departamento jurídico apagando as fumaças dos casos que acabavam na Justiça – os casos passavam antes pela equipe da Claudia, que descrevia o histórico de cada um para preparar os advogados. Como ela ficava na outra ponta, sua briga era diária: ela não cansava de repetir que o vendedor era o responsável por aquilo que vende. Certa vez, Eduardo Grinberg, em São Paulo, sentou ao lado do "Relacionamento com o Cardume" e passou a escutar as reclamações que chegavam por telefone. Ele teve o estômago revirado. Ele viu de perto o esforço que o time fazia para resolver os problemas, honrando dívidas, devolvendo dinheiro. Para ele, quem estava dentro enxergava algo muito mais confiável do que quem estava do lado de fora.

Do lado de fora, a história era mesmo outra. Em junho de 2011, a designer carioca Juliana Engmann comprou um pacote via Peixe Urbano para Nova York. Incluíam-se dois passageiros, traslado entre aeroporto e hotel, "city tour" e quatro noites no Hotel Roosevelt, de quatro estrelas. A validade da oferta era dezembro de 2012, oferecida pela agência 7Stars. Juliana parcelou o pacote via Peixe Urbano em algumas vezes. O namorado comprou as passagens separadamente. Em janeiro de 2012, ela telefonou para a agência para efetuar a reserva para junho. Ninguém atendia o telefone. Depois de inúmeras tentativas, ela optou por ir pessoalmente. O endereço era na Barra da Tijuca, em cima de uma locadora de carros. Havia três salas, com apenas duas funcionárias, Elizabeth Herve e Consuelo Abreu. Uma delas levou Juliana para uma sala de reunião e logo se desculpou: disse que um dos sócios da agência tinha oferecido algo no Peixe Urbano que era impossível cumprir. Perdida, Juliana perguntou: "O que eu faço? Já tenho passagem, ingressos comprados e férias no trabalho marcadas".

A agente prometeu um quarto em outro hotel, de três estrelas. Para não se aborrecer, Juliana aceitou e até se tranquilizou com tal transparência. Apenas pediu que ela lhe enviasse o comprovante de reserva por e-mail. Isso nunca aconteceu. A agente passou a não responder a nenhuma mensagem. Juliana viu-se numa situação sem saída: restava-lhe reservar outro hotel, com preço superior e qualidade inferior. Mas ela ainda continuou ligando para reservar o traslado e o city tour. Era abril de 2012, e a data da viagem se aproximava. Juliana resolveu voltar pessoalmente à agência. Dessa vez, deparou-se com uma placa na porta: "Aluga-se". As três salas estavam vazias.

Por orientação de uma advogada, ela continuou a pagar as parcelas restantes ao Peixe Urbano. Ao ligar para o Peixe e relatar a história, os atendentes ofereciam pacotes de outras agências. Mas era tarde – ela já tinha perdido a confiança na marca. Uma advogada do Peixe Urbano lhe telefonou perguntando se ela estava disposta a entrar em algum acordo. Juliana disse que sim, e perguntou o que ela tinha a oferecer. A advogada nada ofereceu. "A senhora pode falar", disse a advogada. Juliana pediu estorno do dinheiro e mais um valor por danos morais. A advogada disse que daria uma resposta dentro de alguns dias, depois de falar com o departamento jurídico. De fato, ela ligou e ofereceu a Juliana um crédito no Peixe Urbano no valor do hotel, que na época era de quase 3 mil reais. Ofendida, ela reforçou à advogada que o Peixe Urbano tinha perdido a credibilidade, e que jamais voltaria a usar o site – e, por isso, queria o valor ressarcido.

Por telefone, os representantes do Peixe pediram para Juliana escrever um e-mail explicando tudo novamente – ali, ela colocou sua conta bancária para estorno. A resposta a esse e-mail revelou que caso o dinheiro fosse devolvido, ainda levaria dez dias úteis para terminar o processo. Dentro daquele prazo, ela já estaria em Nova York. Ao retornar da viagem, ela checou sua conta bancária, e nada. Ela enviou um e-mail dando ao Peixe uma semana para que o depósito fosse efetuado. Não adiantou. Juliana teve de recorrer ao Juizado de Pequenas Causas.

Em setembro daquele ano, o caso foi para audiência. Pela primeira vez Juliana viu-se em tal situação, um episódio constrangedor para ela, apesar de ser em uma sala pequena. Ela estava munida de todas as provas, e-mails trocados e faturas pagas. Juliana tinha acionado tanto o Peixe Urbano quanto a agência 7Stars. Ali estavam ela e a advogada do Peixe Urbano – mas ninguém foi capaz de encontrar qualquer responsável pela 7Stars, nem mesmo um endereço para onde a notificação sobre a ação pudesse ser enviada. Por isso, a audiência foi remarcada. A tal agência era tão fraudulenta que a data de abertura da empresa no cadastro nacional de pessoa jurídica é "6 de janeiro de 2011", mesmo mês da oferta do Peixe. No mesmo cadastro consta uma locadora de automóveis.

Audiências levam de 20 a 30 minutos, mas os horários são impostos pelo tribunal. Uma vez ali, a advogada do Peixe alegava que o problema não era de responsabilidade do site. No entanto, em janeiro daquele ano, uma lei tinha sido posta em prática fazendo do site, no caso o Peixe Urbano, o corresponsável pelas ofertas divulgadas. O resultado foi o esperado: a juíza solicitou a devolução do dinheiro, com valor corrigido e mais os danos morais, cerca de 180% do valor do pacote turístico.

O processo foi trabalhoso. Sem advogado, por saber que seu caso era incontestável, Juliana buscou a resposta de seu processo sozinha, que levou cerca de um mês para ser concluído, e foi pessoalmente ao Banco do Brasil pegar o cheque com o valor ressarcido. Segundo ela, o estresse e o nervosismo que o episódio lhe causou poderiam ser evitados. Mas Juliana não está sozinha. Norman I. Sibel, professor de Direito nas universidades Yale e Hofstra, escreveu no jornal *Huffington Post* que, "mesmo quando há algum ressarcimento no caso de falência, o gesto não supre o benefício econômico e intangível esperado pelo consumidor". Segundo Sibel, esses consumidores, inevitavelmente, passaram por uma grande inconveniência e perderam o valor do tempo que gastaram. Então, mesmo que o dinheiro seja devolvido, o consumidor continuará desapontado. Ele acrescenta que os consumidores não se dão conta de que ao comprar um cupom para uso futuro, eles estão na verdade efetuando uma espécie de empréstimo, para que os estabelecimentos paguem suas contas, em troca de um serviço mais tarde.

A oportunidade de agências de turismo, fantasmas ou não, passarem a perna em clientes foi tão grande que até mesmo Claudia Pamplona caiu na lábia de uma delas. A agência fretou um voo para Punta Cana, na República Dominicana, para usuários do Peixe Urbano e de outros sites. O horário do voo foi marcado e desmarcado três vezes no dia do embarque, e depois de muito estresse Claudia chegou ao hotel. Mas o lugar era bem diferente do que foi anunciado. Tratava-se de um hotel de quatro estrelas que oferecia alguns quartos bons e outros caindo aos pedaços. Ela foi até a recepção e brigou por algo melhor – por fim, conseguiu um *upgrade*. Mas ela estava ciente de que quem não abrisse a boca acabaria em desvantagem. Mesmo dizendo que era gerente de atendimento do Peixe Urbano, a equipe hoteleira não se importava. Na viagem de volta, inclusive, muitos passageiros do pacote perderam o voo por falta de informação. Foi tudo caótico, e um exemplo vivo para Claudia: ela aprendeu ali as razões pelas quais seu cardume de clientes nadava em meio a tanta frustração.

O que o Julio achava desses episódios? Sem se abalar com os chororôs, ele focava nos números. As reclamações representavam uma baixa porcentagem se comparadas ao volume de vendas em um mês de pico. "Se vendíamos 1 milhão de cupons por mês e tínhamos mil reclamações, isso representava uma pessoa infeliz entre mil cupons comprados. Ou seja, 0,1%." Com tranquilidade, ele fala que "não importa o quão bem tocado é o negócio"; sempre haverá casos assim quando o serviço é entregue por terceiros, sobre os quais o site não tem controle. "O fato de termos um volume alto em números absolutos, mas bem baixo em percentuais, era mais ou menos dentro do esperado. Não tinha muito o que fazer", ele diz. Mas, verdade seja dita, a cúpula ficava "um pouco mais frustrada", palavras do Julio, quando o Peixe era abordado por órgãos regulatórios, como o Procon, autarquia de Proteção e Defesa do Consumidor, comparando o aumento de queixas em relação ao ano anterior. A frustração vinha do fato de eles olharem apenas o número absoluto em vez de o número relativo a cupons vendidos. Ainda assim, do jeito que estava não era possível continuar. A inconveniência gerava não só conflitos externos como internos.

Além de roubo, havia casos de péssima matemática. Um exemplo foi em São Paulo, no caso da venda de centenas de cupons de turismo de uma agência chamada Luxor Viagens. Theo e Rodolpho fizeram uma reunião com o dono da agência; Rodolpho abriu uma planilha de Excel e disse: "Sua empresa vai quebrar". Até então o dono não tinha essa percepção. Foi só na frente do Excel que ele entendeu. O Peixe, naquela situação, teria duas opções: ajudá-lo ou ficar do lado dos usuários, que já tinham comprado os cupons. Como os usuários sempre vêm em primeiro lugar, mais uma vez restou ao Peixe encarar um rombo gigante – vale lembrar que, em qualquer promoção, o Peixe dava 50% para o parceiro mesmo antes de o usuário usar o cupom. Em valores de viagens, isso batia na casa dos milhões.

Semanas mais tarde, quando Theo estava de férias, o vendedor daquela promoção (que até então tinha um ótimo recorde de metas) foi demitido. Theo achou aquele passo um grande equívoco. Em sua visão, a culpa pelo ocorrido era do Peixe Urbano: a empresa disponibilizava de um departamento financeiro, mas não checava a saúde ou a linha de crédito dos parceiros antes de colocar uma oferta milionária no ar – davam crédito ilimitado para todas as empresas do Brasil. "O vendedor é autônomo, sem conhecimento financeiro, que serve ao setor comercial. Ele está ali para vender", ressalta Theo.

A enchente de casos como esse fez o Groupon dos Estados Unidos criar uma conduta para proteger os consumidores de más experiências. Intitulado "Groupon Promises" – Promessas do Groupon –, ele garante ao comprador o direito de reclamar até 14 dias depois do uso do *voucher* para resolver o caso. E também criaram políticas claras de ressarcimento separado por categorias: serviços locais, viagens, produtos e eventos. O jornalista Rakesh Agrawal foi fundo no assunto, e como autor convidado escreveu um longo artigo no TechCrunch – intitulado "Compras coletivas podem estar violando leis de proteção ao consumidor" – sobre a realidade americana, publicado em junho de 2011. Um dos problemas no país era a data de validade de "vales-presentes", uma forma de presentear muito comum entre os americanos. O problema ali é que cada estado tem uma lei. Mas o problema de pequenos negócios fecharem por não aguentarem o tranco, ou por serem fraudulentos, era algo comum no Brasil.

"Os termos e condições do Groupon americano dão toda a responsabilidade de entrega do produto ou serviço ao estabelecimento", escreveu Agrawal. Ao mesmo tempo, de acordo com o Groupon Promises, a empresa está aberta a escutar e resolver. No caso do Google Offers, site de compras coletivas do Google, a empresa diz explicitamente que tira o corpo fora. Agrawal pediu para os usuários enviarem e-mails relatando suas experiências com estabelecimentos fechados – ele foi inundado por histórias e sentiu que o assunto era sério e merecia muita atenção. Segundo relatos, ele disse que tanto o Groupon quanto o Living Social devolviam o dinheiro caso o estabelecimento tivesse fechado. Em alguns casos, agiam proativamente enviando e-mails e anunciando a falência. Agrawal diz que a atitude é excelente para os usuários, mas que deve ser uma preocupação para os investidores, por causa do risco inerente aos pequenos negócios.

Por exemplo, Norman I. Silber escreveu no *Huffington Post* que um relatório divulgado pelo Departamento de Pequenos Negócios, nos Estados Unidos, revelou que 10% das pequenas empresas quebram anualmente – entre 2007 e 2010, ano em que surgiram as compras coletivas, 2,5 milhões de pequenas empresas fecharam as portas no país. Segundo Silber, o Groupon americano atrai muitos estabelecimentos que já estão cambaleando. Nos demais sites, a realidade não era diferente.

■ ■ ■ ■

CAPÍTULO 20

Navio sem bússola

Para Heliene, a empresa tinha perdido a poesia. O ano de 2011 estava quase no fim, e levantar da cama para ir trabalhar já não era tão empolgante como nos meses anteriores. Ela se espantava ao notar que o Peixe torrava mil reais em passagens aéreas entre os aeroportos de Congonhas e Santos Dumont, ou desembolsava fortunas pelo aluguel de um tríplex em Copacabana, que abrigava transeuntes que vinham trabalhar no Peixe nos primeiros seis meses de estada no Rio. Apesar de um salário gordo e muitas ações da empresa, seu trabalho já não fazia tantas ondas: a startup tinha ganhado proporções corporativas. Soma-se a isso o fim do casamento com Emerson. O casal rompeu de forma não amigável, com faíscas e ressentimentos que chamuscaram a convivência no escritório e fora dele. Seu desligamento foi uma resolução tanto dela quanto do Departamento de Recursos Humanos do Peixe. Ela ficaria na empresa por mais dois meses.

Ao mesmo tempo, batalha por fatias no mercado continuava entre o Peixe, o Groupon e o ClickOn: as três eram responsáveis por 80% do mercado de compras coletivas no Brasil, representando um valor estimado em 843 milhões de dólares no final de 2011. Em setembro, o Peixe teve de alugar mais uma sala, ainda em Laranjeiras, dessa vez dentro do Clube Hebraica. Mais obras, mais fios, mais mesas, mais computadores. Ao capitanear o imenso navio que virou o Peixe, Julio viu-se sem bússola. Ele notou que com aquele mapa eles não chegariam salvos a lugar nenhum. Ao buscar um nome que pudesse auxiliá-lo na navegação, Julio ouviu falar do economista Bruno Raposo, irmão mais novo de um colega de Stanford. Bruno, diplomado em Economia na Universidade de Chicago, além de diversos diplomas, incluindo MBA, atuava em telecomunicações, e na época trabalhava em São Paulo, na área de TV a cabo da Rede Bandeirantes. Um dia, ele recebeu uma mensagem do Julio via Facebook: "Bruno, estudei com o seu irmão". A partir daí, eles começaram a se falar por telefone e Julio listou a série de problemas nas operações do Peixe. Pediu conselhos, fez várias perguntas, e escutou com cuidado o ponto de vista de Bruno sobre cada um dos problemas.

De reestruturação Bruno entendia: ele participou ativamente de *turnarounds* de empresas, como NET e Rede Bandeirantes. "Todos os problemas do Peixe Urbano também aconteceram na NET", revela. Na capacidade de gerente, Bruno foi uma das três pessoas que foram da OI para a NET para colocar ordem na área comercial e fazer a empresa voltar a crescer. A história é igual, mas os problemas do Peixe não eram poucos: excesso de filas, demora de 40 minutos para responder a um e-mail, falta de funcionários ao trabalho sem nenhuma consequência. Ele já tinha visto esse filme antes, e chamava sua estratégia de receita de bolo. Eles terminaram a conversa, e Julio pediu para que mantivessem contato.

Em menos de 48 horas, Julio voltou a ligar. Dessa vez oferecendo uma vaga. "Você quer participar desse processo?". Eles conversaram por dois meses. Julio, mais uma vez, foi muito sedutor ao falar do desafio, ao oferecer ações promissoras e a possibilidade de construir um nível de serviço e uma prestação de qualidade para o cliente que outras empresas não teriam recursos para fazer. Depois de várias entrevistas com o time do Peixe Urbano, Bruno se rendeu e em novembro de 2011 mudou-se de São Paulo para o Rio. E respirou fundo: "Passaremos por muitas dificuldades dentro de uma ou duas semanas. Aqui tem muito desperdício e muita ineficiência".

Sua primeira área de atuação foi o "Relacionamento com o Cardume", em que estabeleceu três prioridades: primeiro, fazer o usuário que comprou o cupom a chegar com rapidez ao balcão. Ou seja, resolver os problemas de filas em restaurantes, supermercados e espera no call center. Para Bruno, espera não era mais uma opção e, para isso, a demanda teria que ser reduzida. Também era preciso ouvir a razão pela qual os clientes estavam entrando em contato. Logo, ele aprendeu que a razão número um era o vale-presente recebido por e-mail – ele não funcionava no sistema. Tratava-se de um processo ineficiente de código de promoção – era preciso melhorar a comunicação entre o marketing e o atendimento. Outro problema gravíssimo: a equipe que atendia o telefone queria trabalhar nos horários de maré baixa, normalmente dia de semana. Bruno queria pessoas a postos, caso algum cliente contatasse o Peixe de uma fila ou em outra situação, mesmo que fosse sábado ou domingo. Nessa fase, Claudia Pamplona se desligou dessa área e passou a dar assessoria à expansão pela América Latina. Passava três semanas na Argentina e outras três no México.

A segunda prioridade de Bruno era aprimorar a produtividade, implementando uma métrica de performance até então inexistente no Peixe Urbano.

A terceira prioridade era evitar reincidências: uma vez solucionados, evitar que os problemas se repetissem com os mesmos clientes. Segundo Bruno, ao trabalhar nessas três alavancas, ganha-se um resultado razoável ou bom. Implantar um sistema de métrica e performance foi bem complexo, um choque cultural na empresa. Bruno sempre foi muito competitivo: estudou em escolas americanas, onde desde pequenas as crianças são testadas e ranqueadas. Acostumado com a tática, ele gosta de anunciar: "Sou um cara das trincheiras". No entanto, o Peixe Urbano não era o Pentágono. Ninguém queria trabalhar nos fins de semana.

■ ■ ■ ■

Uma estatal dentro de uma startup

Bruno não se intimidou, reuniu o time e jogou a bomba: "A partir de agora, teremos escalas: todos vão trabalhar em um fim de semana por mês". Algumas pessoas desistiram no primeiro momento, outras se adaptaram e estão na empresa até hoje. "Será que ninguém pensou no garçom que trabalha no sábado à noite? Ele está lá te atendendo. Você tem fome no sábado à noite. Se vendemos um cupom a ser usado nessas horas, estaremos lá pelo nosso cliente caso dê algum problema", reforçava Bruno. Ele lembrava às equipes que "o Peixe começou como um *jet ski*, mas agora é um transatlântico". Era preciso situar-se no oceano.

Ele logo percebeu que o time no comando, acostumado a trabalhar nos Estados Unidos, achava que uma equipe carioca teria o mesmo código de honra pelo trabalho que os americanos têm por qualquer profissão. "Isso não existe no Brasil. Nunca existiu", garante. "Tivemos de usar métrica de performance, bater ponto, escalas, metas. Bruno lembra que muitos ali nunca moraram fora do Brasil, portanto desconhecem o conceito de *customer service*. Quem não cresceu tendo a experiência de um bom serviço ao consumidor como cliente não sabe em quem se espelhar", diz Bruno.

Ele acrescenta que nos Estados Unidos, muitas vezes, o cliente é atendido por um universitário que trabalha em algum restaurante ou em outro serviço. Em geral, quem serve está preocupado em atender bem. E quem é servido, se algum dia resolver fazer o mesmo, vai pensar: "Poxa, é assim que se faz!". O Brasil, por sua vez, carece de bons exemplos e parâmetros no setor de prestação de serviços. Essas comparações entre Estados Unidos e Brasil não eram feitas com arrogância, mas com pesar.

Na área de metas, Bruno também esbarrou com o que ele chama de "subjetividade". Segundo ele, até então ninguém tirava nota ruim. Ele mudou tudo, passando a medir o desempenho dos funcionários por métrica quantitativa: produtividade, satisfação do usuário com os contatos atendidos, aderência à escala, número de clientes atendidos por dia ou por hora e casos resolvidos. O resultado foi claro: os funcionários passaram a ter mais orgulho do que faziam. Bruno dava ênfase ao resultado e à solução, em vez de focar no esforço, na reclamação ou na "vitimização" – sim, ele notou claramente a "síndrome de vítima" que afetava muitos funcionários. Ele passou a substituir os piores, reconhecer os melhores e promovê-los por mérito, pelo melhor atendimento – e não por tempo de casa. Na sua ótica, quem queria trabalhar de verdade tinha reconhecimento e promoção. Ele notou ainda que o desligamento de pessoas ineficientes gerava felicidade e motivação ao restante da equipe.

A falta de simplicidade e humildade de muita gente do Peixe era algo que incomodava Bruno: a tal soberba batia de frente com um dos valores mais preciosos de Julio, Alex, Emerson e Letícia. "Os quatro são pessoas extremamente inteligentes e capazes. Mas, acima de tudo, são muito simples", aponta Bruno. "Essa característica preciosa não reverberava na equipe, pelo menos não no momento em que eu entrei. O Peixe Urbano já era uma história de sucesso muito grande, mas eu não via aquela simplicidade no grande grupo", lembra ele. Bruno também não via pragmatismo. Muitos funcionários foram promovidos prematuramente no processo de crescimento, e vários tinham uma desculpa para justificar os problemas. Para ele, tratava-se de "uma estatal dentro de uma startup".

■ ■ ■ ■

Ao longo do tempo, crescia uma rixa entre a equipe do escritório e a dos vendedores. Havia um ressentimento de quem trabalhava horas perante um computador por um salário infinitamente menor se comparado ao de quem trabalhava na rua. Pior: o pessoal do escritório ainda apagava os incêndios causados por contratos malfeitos por diversos vendedores. Essa ânsia acarretava erros que passavam despercebidos pelos vendedores – outros davam uma de joão sem braço: havia erro no cálculo da capacidade, ou promessas mirabolantes feitas para parceiros, e a publicação tinha que se virar para cumprir: prometia-se a donos de restaurantes que sua oferta iria ficar no centro da página durante 24 horas, e depois passaria para a lateral. Se houvesse qualquer problema no site, a reclamação era direcionada à publicação, e não ao vendedor. Por isso, quem trabalhava nessa área passou a não ter hora para sair, nem mesmo fim de semana.

Enquanto isso, episódios de parceiros desastrosos continuavam acontecendo. Uma das ofertas foi oferecida por uma agência que, segundo Julio, "ficava em um lugar no meio da serra, onde o celular não pegava bem". A agência vendia muitos cupons do Peixe e também do Groupon – eram milhões de reais em jogo. Em algum momento, a agência começou a parar de atender a clientela. "Logo percebemos que o responsável estava nos roubando. Enviamos um representante da área comercial para checar o caso pessoalmente, mas o responsável pela agência havia desaparecido. Achava-se até que ele estava morto." O pessoal do Groupon também foi atrás dele: deparou-se com a mãe do indivíduo, que inventou a mirabolante desculpa de que o filho estava "muito doente, em coma no hospital". A equipe do Peixe continuou a vasculhar o caso, até descobrir que o sujeito era dono de agências e de hotéis. E os hotéis não respondiam às chamadas do Peixe Urbano, o que não fazia nenhum sentido.

"Descobrimos que o sujeito falava aos hotéis que ele representava um sócio do Luciano Huck, e não o Peixe Urbano. Dizia-se amigo do tal sócio, e por isso o Peixe não poderia saber do esquema. Os hotéis acreditavam na lorota, pensando que pertencia a algum grupo seleto", conta Julio. "Os hotéis perderam um dinheirão e nós também. O cara pegou o dinheiro e sumiu." Na época, o cliente comprava o cupom, e assim que ele fizesse a reserva, o Peixe transferia o dinheiro para o hotel. Por isso, o sujeito criou milhares de ofertas falsas, dispondo dos códigos dos cupons – ele dava baixa no sistema do Peixe, que lhe pagava por cada cupom "utilizado". No entanto, ele não efetuava as reservas e nem repassava o pagamento aos hotéis. O tal parceiro não era um novato. Ele fez ofertas de sucesso com o Peixe – os valores de cada oferta eram crescentes, até ele dar o golpe. A primeira oferta foi de 100 mil reais, a segunda de 500 mil reais, a terceira de 1 milhão de reais, seguida de uma de 2 milhões de reais. Quando chegou a 3 milhões de reais e um histórico idôneo, ele sumiu com o dinheiro.

Ele fez a mesma coisa com o Groupon e alguns outros sites. Depois desse cano, o Peixe decidiu ter sua própria agência. A ideia não soava ruim: na época, eles já vendiam 10 milhões de reais em cupons de agências de viagens. A saída foi afiliar-se a uma agência de confiança e vender pacotes e cupons. "Escolhemos uma na Paraíba. Mas nem isso deu certo. Os pacotes não eram bons, as vendas foram fracas, começamos a brigar e o negócio foi por água abaixo. O Bruno Raposo foi pra Paraíba negociar e resolver. Mandamos o Bruno para o território inimigo e falamos: Só volte com esse negócio assinado." Julio tinha a preocupação de acertar todos os ponteiros – caso o Peixe fosse vendido, era crucial pôr fim àquela sociedade. "Acabamos pagando para isso acontecer. Tínhamos metade da sociedade e poderíamos ter algum problema no futuro", lembra ele.

No entanto, mesmo com essas pequenas tragédias, na visão de muitos, a área comercial ainda era o coração do Peixe Urbano. Era um time impulsionado por táticas motivacionais, incluindo gritos de guerra, como "Dá-lhe, PU! Vamos lá! Isso aí, galera!". O problema era que muitos se moviam apenas por esse empurrão. "No longo prazo é muito difícil manter o profissional na alegria e na tristeza, na saúde e na doença", diz Andressa. "Muitos não conseguiram entregar as demandas. O time de vendas está espalhado pelo país, em *home office* e na rua. É um trabalho de bater de porta em porta, de repetição. A empolgação, para muitos, deu lugar ao cansaço – outros largaram o barco." Além disso, as comissões eram tão exorbitantes que começaram a incomodar o escritório. Eles sabiam que a festa logo teria que acabar, mas não queriam abaixar o moral dos vendedores. Muitos deles tinham vindo da Amway, trabalhavam em um esquema independente, traziam a família toda – e não se adaptariam a uma forma mais rígida, com metas e métricas. Muitos deles, segundo Luke, "surtariam se tivessem que abrir uma planilha de Excel".

A tal rixa escritório-vendedores aumentou quando o Peixe Urbano escolheu o Hotel Portogalo, em Angra dos Reis, litoral paradisíaco no estado fluminense, para promover três dias de uma convenção que reuniu apenas os vendedores de campo – um total de 300 pessoas, incluindo cerca de 30 vendedores que trabalhavam espalhados pela América Latina. Emerson liderou a convenção e via seus vendedores orgulhosos. "Eles gritavam 'Eu sou Peixe Urbano', um negócio de arrepiar. De fato, o pessoal dava o sangue, era muita paixão pela empresa, pelo que faziam. Nenhum de nós imaginava que aquilo seria assim", disse ele. Após a convenção, as 300 pessoas foram para o Rio; o Peixe Urbano alugou um galpão gigante na Marina da Glória, onde mil pessoas se aboletaram. "Era muito grande o negócio, nunca tinha ido a uma festa assim", lembra ele. Emerson olhou para a fila de entrada e disse ao Julio: "O que a gente fez?". A empresa tinha um ano e nove meses, e "what have we done?", Emerson se perguntou. Em meio à celebração, Julio deixou a festa e foi para o estacionamento. Precisava ficar sozinho e respirar ar fresco. Na cabeça dele, só um pensamento: "Cara, tem muita gente aqui, esse negócio é muito grande, e o que eu vou fazer?". Ali caiu a ficha sobre o número de pessoas que dependiam dele. Esta dependência, porém, não chegava a ser uma grande preocupação. Ele acreditava no que estava fazendo, reconhecendo o sacrifício pessoal da equipe.

O fim do ano, no entanto, não fechou num tom tão positivo. A imprensa começou a focar na parte negativa do modelo de negócio, alguns já falavam que as compras coletivas não passavam de um "Esquema Ponzi", sinônimo de operação de investimento fraudulenta no esquema de pirâmide; e o Groupon tinha aberto suas métricas em junho, que colocou a sustentabilidade do negócio em dúvida. Ainda assim, em dezembro, o Peixe fechou a Série C de investimentos, o que lhe dava fôlego para continuar.

■ ■ ■ ■

CAPÍTULO 21

Os darlings do mercado

Desde o início de 2010, a cúpula estabeleceu metas de crescimento de receita, acompanhando o resultado mês a mês. Julio explicou à equipe, com poucas palavras e sem ambiguidades, que o custo da empresa era muito maior do que a receita. Era preciso inflar a receita ou partir para a redução de custos. A projeção de custos previa que a curva continuasse a crescer, sem prestar atenção na saúde da cadeia. "Era óbvio que a compra coletiva cairia no desuso", lembra Andressa.

O segundo semestre de 2011 foi desastroso: clientes mal atendidos, outros jogando a toalha no mundo dos cupons. O modelo capengava. Somam-se a isso as férias de verão, quando os internautas brasileiros desaparecem da frente do computador entre Natal e Carnaval, desacelerando as vendas até abril. Julio não sabia ao certo se aqueles números eram consequência do modelo de negócio, se sofriam um efeito sazonal ou uma trágica combinação de ambos os fatores. De fato, as metas não foram alcançadas. Depois de inúmeras reuniões com diretores, ficou decidido o valor a ser cortado da folha em cada área.

Para quem via de fora, não havia tempo ruim: em janeiro, Alex embarcou para a Califórnia para receber o prêmio de melhor International Startup no 5th Annual Crunchies Awards, o Oscar da indústria *tech*, até então nunca abocanhado por uma empresa brasileira ou até mesmo da América Latina. Os votos são feitos on-line, e o Peixe concorria com startups de peso, como a germânica SoundCloud, as inglesas Badoo e Wonga, a sueca Klarna e a finlandesa Rovio (leia-se Angry Birds). No palco, os apresentadores citavam quanto cada startup tinha levantado em capital de risco – todas, menos o Peixe Urbano. Sem conseguir pronunciar a palavra "peixe", o mestre de cerimônia citou os milhões de dólares anuais em faturamento da empresa, no lugar de séries de investimentos.

Alex subiu ao palco e, com o troféu nas mãos, discursou rapidamente. Disse que falava em nome dos sócios, que "estavam acabando o almoço para voltarem ao turno das três da manhã", e engasgou, emocionado, ao agradecer o esforço e empenho de seus mil funcionários, aos 16 milhões de usuários por usarem o site, e os votos que renderam a premiação. Esse prêmio é de tamanha importância que passou a ser citado em todos os *releases* e comunicados da empresa. No mês seguinte, o Peixe ainda encabeçou uma lista da revista *Forbes* americana, com as "10 melhores Startups do Brasil". Atrás do Peixe, figuravam a LikeStore (que permite compras no Facebook) e a SambaTech, de vídeos on-line. O ClickOn ficou em sétima posição no ranking.

Em fevereiro de 2012 o Peixe comprou o Zuppa, um site de reservas de restaurantes fundado um ano antes por três empreendedores, e até então presente em dez estados brasileiros. Eles contavam com 15 pessoas, a maior parte programadores, e ofereciam gratuitamente reservas em restaurantes, incluindo plataformas móveis – o usuário era capaz de selecionar sua preferência por meio de preço, cozinha, localização, mapas, horários e informações mais precisas sobre cada um. Em mais um passo arriscado, foi a vez de abocanhar o site de entregas de refeições em domicílio, O Entregador. As negociações tiveram início em agosto de 2011 durante o "Startup Farm", um programa de aceleração de startups patrocinado pelo próprio Peixe Urbano, que aconteceu em São Paulo, reunindo cerca de 50 empreendedores no espaço de coworking The Hub. O site de delivery foi criado no sul de Minas Gerais e atendia, até então, as regiões de Itajubá e Campinas.

Essas aquisições apenas provaram o que Irit defendia: a integração de novas empresas demandava tempo e esforço. Ela reforçava que as equipes já estavam sobrecarregadas, e o departamento de engenharia tentava sobreviver. É a tal parábola sobre um feirante que vendia apenas tomates. Ele era famoso pela qualidade. Todos compravam dele. Mesmo quem não podia ir pessoalmente, mandava buscar. Quando seu filho começou a vender cebola e pimentão na mesma barraca, a venda começou a cair. A barraca perdeu a identidade e a referência. O feirante ficou sem saber se a queda se deu por causa da cebola, do tomate ou do pimentão. Se ele vendesse só tomate, teria como detectar a fonte do problema e agir.

Mas a barraca do Peixe Urbano crescia. Com a construção de um *marketplace* em mente, a empreitada seguinte foi a criação de um guia que serviria como uma referência on-line, listando diversos restaurantes do país. O guia era compilado pelos redatores, que se baseavam em dados coletados pelo próprio Peixe a partir de dois milhões de críticas de seus usuários. Nos Estados Unidos, as empresas verticais, como a Open Table e Yelp, continuavam – e continuam – focadas em suas únicas tarefas, de reservas e críticas de negócios. Em abril, em meio a tantos eventos, Julio e Emerson embarcaram para a quinta "reunion" da turma de formandos de Stanford. Os ex-alunos organizaram um painel com três duplas de empreendedores. Boas histórias não faltaram. Dividindo os holofotes com Julio e Emerson estava a dupla Brian Spaly e Andy Dunn, criadores da Bonobos, startup yuppie de roupas masculinas (que viria a ser comprada pela gigante Walmart por 310 milhões de dólares em junho de 2017). "Contei o episódio da festa da Marina da Glória e a pergunta: 'O que fizemos?, *What have we done?*' – e fiz muita gente rir", lembra ele.

■ ■ ■ ■

Certa vez, em São Paulo, Julio se aproximou da mesa do Eduardo Grinberg para perguntar sobre alguém que ele tinha conhecido na noite anterior em um jantar na casa de outro alguém. "Edu, conheci um cara ontem, que falou bastante; eu queria saber se ele é tudo isso mesmo." "Quem é o cara, Julio?", perguntou Eduardo. "Um tal de Nizan Guanaes. Você se incomoda de ir a uma reunião agora com ele, Edu?". E os dois seguiram para a África, agência de Nizan, um transplantado de Salvador para a capital paulista. Na reunião, Nizan elogiou Julio e Eduardo, falando aos demais na sala que "eles eram os caras que entendiam de Internet".

Para Eduardo, o elogio foi grandioso – Nizan Guanaes, um dos publicitários mais importantes do Brasil, foi presidente do portal iG entre os anos 2000 e 2002. Na época do iG, ele dirigia a segunda maior agência do país, a DM9DDB, e citou numa entrevista que tinha entrado no negócio porque "baiano adora uma rede". Muitos executivos da área concordam que os meninos do Peixe eram os "darlings" do mercado. Os convites para eventos e palestras vinham de todos os lados. Há relatos de conselheiros do ClickOn sobre uma comemoração de investidores em Nova York, onde "o evento parou para falar com o Julio".

Ainda na sala de espera, Eduardo tinha apontado ao Julio a novidade do dia: era 9 de abril de 2012, e o Facebook tinha anunciado a compra do aplicativo Instagram por 1 bilhão de dólares, entre dinheiro e ações. Vale lembrar, no entanto, que o Instagram sugou 16 milhões de dólares em investimento antes de ser vendido por 1 bilhão. Julio não investiu no aplicativo do amigo, apesar de trocar várias ideias com ele. Na verdade, ele não acreditava que um aplicativo de filtro de fotos poderia fazer sucesso, e na época Julio ainda encarava a dívida do mestrado. Anos mais tarde, Eduardo leu o livro sobre a história da transação bilionária, em que Mike Krieger confessa ter ficado com a pulga atrás da orelha por ter saído do Peixe Urbano ao ver como o negócio tinha escalado. Ele chegou a dizer que muitos amigos brincavam com ele por ter perdido a chance de ficar milionário.

Eduardo lembra que no Vale do Silício é assim: diversas empresas recebem injeções financeiras de cair o queixo, mas nem todas têm uma saída exuberante, ou viram unicórnio. Nesses casos, quem investiu nunca verá seu dinheiro de volta. Ele reverenciava Julio por ter tido a coragem de trazer essa mentalidade para a terra brasilis. Ao mesmo tempo, quem respirava tecnologia sabia que existia uma pressão e uma crença muito grande na capacidade do Peixe tornar-se "o unicórnio do Brasil": fazer a startup valer mais de 1 bilhão de dólares. Mas essa fantasia acabou gerando um grande problema. Alguns acreditam que ao escutar essas projeções, o Peixe se descolou da realidade. Era sabido que o ápice da Curva de Hype tinha sido a oferta de compra do Groupon pelo Google. Ninguém sabe ao certo qual seria o desfecho e qual impacto isso teria no Peixe Urbano, a referência do setor na América Latina. Mas sabia-se que dali a curva migrou para o vale da desilusão.

O excesso de capital, de happy hours, de Papo de Peixe, de empolgação e de uma mídia sempre favorável vendia uma imagem de alegria para todo o time. "A televisão e as revistas de todos os segmentos confirmavam", lembra Rodolpho. A agência AlmapBBDO chegou a criar uma ação de marketing para mostrar que "no Peixe Urbano o seu dinheiro vale mais". Por dois dias, eles instalaram uma "vending machine" (máquina que costuma vender bebidas e saquinhos de biscoitos) que vende dinheiro em um shopping center de São Paulo. Ao inserir 2 reais, ganhava-se 5 reais. A nota de 5 reais comprava uma de 10 reais. A de 20 reais valia 50 reais. E a de 50 reais comprava uma de 100 reais. No segundo dia da promoção, centenas de pessoas aglomeravam-se em volta da máquina. A repercussão positiva no Twitter foi imediata, e ao mesmo tempo aconteceu o retorno da imprensa.

Nessa fase, o Groupalia, startup de compras coletivas espanhola, buscou o Peixe Urbano com uma oferta para vender sua parte latino-americana. Eles tinham presença em seis países da região: quatro nos quais o Peixe já operava, e mais Peru e Colômbia (além de Espanha e Itália), ocupando o segundo ou terceiro lugar na América Latina, com 300 empregados, um número bem inferior aos 800 do Peixe àquela altura. Ainda assim, o Peixe poderia dobrar seus negócios fora do Brasil caso topasse a compra. A empresa já apresentava sinais de fraqueza, mas o Peixe decidiu fazer um *spin-off*, comprando o Groupalia para fincar bandeira também no Peru e na Colômbia. E lá foi o Pedro, com sua mala, passar um mês na Espanha para negociar a compra da empresa, descrita em um contrato de 182 páginas. Ali havia discrepâncias: no México, o Groupalia era muito bem administrado. No entanto, as operações na Argentina eram um desastre, depois de uma briga com o gerente do país que provocou a debandada do time principal, deixando alguns gatos pingados para contar a história.

O anúncio da aquisição estourou na imprensa no dia 8 de maio de 2012, citando a adição de 4 milhões de novos usuários aos então 20 milhões, e fazendo do Peixe o maior player da América Latina. Nem todos ficaram empolgados com a oferta; entre eles, Luke e Irit. Ela acreditava que a aquisição traria pouco valor ao Peixe no Brasil e na Argentina, por causa da intercessão da base de usuários que já existia entre o Peixe e o Groupalia em ambos os países. Mas como o Pedro era a pessoa à frente dessa área, foi difícil para ela emitir sua opinião – afinal, ele era o seu cunhado. Era um cenário difícil de administrar. Ao mesmo tempo, ela sabia que os investidores pressionavam o Peixe para expandir, a fim de competir com o Groupon. O grau de estresse estava elevadíssimo, e, como gestora da sua área, Irit via que não tinha como abraçar mais novidades. Todas as equipes internas tinham engordado: os engenheiros chegavam a 60 – alguns deles vindos do Groupalia.

■ ■ ■ ■

Muitos executivos do mercado também questionaram a aquisição: será que o Peixe estava enxergando a realidade do mercado da mesma forma que os demais executivos do setor? No entanto, eles achavam que a recente rodada de investimentos, de dezenas de milhões de dólares, sinalizava que, apesar de uma visão talvez equivocada, o Peixe estava muito capitalizado. Dessa forma, tinha fôlego para levar o mercado do jeito que estava por mais algum tempo. Maria Fernanda, carinhosamente apelidada de "diretora do colégio", por ser centrada e a mais madura da turma, notava que Luke, Emerson, Alex e Julio viviam mergulhados no imediatismo. Havia ali uma falta de visão de longo prazo. Mesmo tendo a mesma idade dos meninos, ela se sentia mais velha e se tornou uma grande conselheira do Julio e do Rodolpho – passava noites conversando com eles, pessoalmente ou por Skype. Ela sabia que o Julio deixava muita coisa acontecer para evitar conflito.

■ ■ ■ ■

CAPÍTULO 22

Aquário, sinuca e massagem

O novo escritório de três andares, no coração da Avenida Presidente Vargas, no Centro carioca, era um luxo. Segundo Bianca, a arquiteta, o orçamento para a obra era preciso: "o céu é o limite". A iluminação era de LED, uma exigência do prédio, que diminuía a conta de luz em 80%. Ainda assim, as obras, reformas e móveis sugaram 6,7 milhões de reais para alimentar um projeto que começou do zero, e foi se modificando ao longo de um ano para acompanhar o crescimento da empresa. Para isso, Bianca e mais cinco pessoas de sua equipe montaram uma base dentro da obra para coordenar a construtora em tempo integral. Ao sair do elevador, passava-se por algumas cortinas, que davam na recepção, de chão de madeira e mesas de material de demolição. Havia também um imponente balcão de madeira escura que ficava em frente a um aquário.

Sim, o aquário. Julio não se esqueceu da ideia. A invenção saiu do papel para se transformar no item mais belo, mais falado e mais controverso da nova morada: os peixinhos nadavam felizes dentro de uma atração de 80 mil reais. O tanque pesava tanto que, para prendê-lo na parede, Bianca teve de criar uma estrutura metálica com acabamento de madeira maciça. Caso contrário, a parede não suportaria e o aquário se espatifaria no chão. Dentro dele, corais caríssimos e peixes escolhidos a dedo, incluindo, a pedido do Julio, um peixe-palhaço, protagonista do filme *Procurando Nemo*. Tudo era mantido semanalmente pela empresa Aquário Marinho, uma das melhores do Rio. Como o ar-condicionado do escritório ficava ligado 24 horas por dia, a água evaporava rapidamente. Era preciso, portanto, instalar equipamentos especiais para manter os peixes vivos. Luis Carlos Freitas, homem das finanças, certamente era contra a extravagância. Em uma das reuniões, ele foi visto nervoso, falando que se gastaria mais com ração de peixe do que com tíquete-refeição das equipes.

Bianca notou que os funcionários pertenciam a diversos níveis sociais, e para muitos aquilo era uma novidade. Ela mesma nunca tinha visto um aquário tão lindo. Apesar de ser papo de toda roda, o aquário não foi o maior desafio para a arquiteta. Ela foi incumbida de instalar uma cozinha industrial dentro do escritório, algo inicialmente impensável em um prédio comercial do Centro da cidade – muito menos em se tratando de um prédio sustentável, com inúmeras exigências e legislações. A cozinha ocupava quase 40 metros quadrados no terceiro andar da empresa, e custou 200 mil reais. Projetada da mesma forma que se faz em restaurantes, Bianca contratou uma empresa de cozinha para fazer o dimensionamento, e outra especializada em exaustor, o segredo para não espalhar cheiro de comida pelo prédio. Para a gerência do edifício, uma empresa subcontratada da Vale, tudo aquilo era inédito. Bianca virou várias noites, e, por fim, um chef foi contratado. Cozinhava-se ali para as equipes munidas de tíquetes.

Aquela não foi a primeira cozinha industrial no currículo de Bianca. A diferença é que, dessa vez, a cozinha não era o coração da empresa – não era dali que nasceria a renda do negócio. No caso do Peixe, o valor de 200 mil reais era fora da curva por ser uma empresa de varejo, e não de gastronomia ou hospitalidade. Ainda assim, não faltavam iogurte e barras de granola. Havia uma mesa de sinuca, cadeira de massagem e Playstation. Cada sala, com divisórias de vidro, era batizada com nomes de peixes. Mesmo com todos já instalados, a arquiteta continuou fazendo novas adaptações, até entregar tudo em abril de 2012. "Em um dia, apareciam mais cem pessoas do nada", lembra Bianca.

O exagero do espaço ficou claro para muitos, que chegaram a mencionar que o Mercado Livre só teve um escritório assim depois de fazer seu IPO. Até mesmo o escritório do Facebook em Nova York segue um conceito menos pomposo: sem qualquer luxo, o espaço parece uma obra inacabada para lembrar aos times que "ainda há muito que fazer". O escritório virou assunto no mercado das startups, mesmo entre aqueles que nunca pisaram no novo endereço. Mas um executivo do ClickOn, que esteve lá para uma reunião, foi além dos boatos e especulações. Ao descer para o lobby, descobriu que a empresa responsável pelo prédio era a corretora dos imóveis mais sofisticados do Brasil. Anotou o telefone e pediu para alguém financeiro de seu time descobrir o valor do metro quadrado. A resposta veio rápido: o Peixe Urbano pagava três vezes mais pela metragem do que o ClickOn – mas o ClickOn tinha um escritório cinco vezes maior.

Mesmo assim, Maria Fernanda achava que a nova arquitetura não refletia a cultura da empresa. Em vez de ares de Google, ela parecia um escritório de advocacia. "Ninguém se reconheceu lá dentro", diz ela. Mesmo as amenidades, como a cadeira de massagem, não podiam ser usadas. A época era de reestruturação, e o Bruno não liberava a tropa para tais mimos. Além disso, aquele era um prédio da Vale. Eles tiveram de fazer uma reunião de condomínio para aprovar a entrada de bermudas e chinelos. O condomínio cedeu – afinal, o Peixe era o único inquilino. Apesar do luxo do lado de dentro, as ruas do Centro ofereciam outra realidade: constantes assaltos. Roubavam-se correntinhas, bolsas e telefones celulares. "Você me contratou muito tarde. Eu teria me oposto a essa mudança", disse Maria Fernanda ao Julio.

Eles tinham deixado uma casa no bucólico bairro de Laranjeiras por uma obra arquitetônica incoerente com a imagem do Julio: uma pessoa discreta, que andava de ônibus. Mas esse é o perfil dos empreendedores do Vale do Silício, cuja simplicidade, pelo menos aparente, descola da grandiosidade de seus feitos. Ninguém trabalha engomado em camisas sociais e gravatas de marca. Mas foi em uma das reuniões com investidores do Peixe que ficou claro para Maria Fernanda que eles não estavam preocupados com a "gastança". Um deles sugeriu colocar um peixe luminoso em cima do prédio. Ao ouvir a sugestão, ela perdeu qualquer esperança de que a mentalidade dos envolvidos iria mudar. Aqueles investidores eram tão jovens quanto o resto da equipe. Eles apostavam em dez empresas ao mesmo tempo. Se uma desse certo, pagaria o prejuízo das demais. Por isso, eles claramente não controlavam os centavos. É a cultura do "bro".

Em uma noite de maio, assim que Julio chegou em casa, Irit e ele tiveram uma grande discussão sobre as aquisições. Aquela briga foi a gota d'água. Irit decidiu afastar-se do Peixe e contratar alguém para o seu lugar. O escolhido foi Marcelo Quintela. Engenheiro de formação, ele veio do Google de Belo Horizonte, onde cuidava da parte de busca local, uma ferramenta que tinha muito a ver com o Peixe. Ele foi indicado ao Julio por alguém do mercado, pois buscava oportunidades para voltar ao Rio. Por duas semanas, Irit e Marcelo trabalharam juntos; apesar de estilos de gerência diferentes, ela o admirava bastante, e sabia que ele seria uma pessoa importante na empresa. Para ela, seu foco era planejar seu casamento, que aconteceria em dezembro daquele ano.

■ ■ ■ ■

CAPÍTULO 23

Pingos nos is

O paulistano Marcelo Epperlein trabalhava na Metalfrio Solutions, empresa de refrigeração comercial, quando recebeu o telefonema de uma *headhunter*. Ela buscava alguém para uma empresa privada que precisava urgentemente de reestruturação. Ele logo pensou que fosse a B2W Digital, empresa de comércio eletrônico, sediada no Rio de Janeiro. Seus executivos passavam por alguma encrenca na época: chegaram a parar sua operação durante uma semana por falta de entrega de produtos. Curioso, Marcelo topou conversar.

Na reunião, descobriu que era o Peixe Urbano. Ao escutar a história, viu que o trabalho seria imenso. Na verdade, ele não gostava daquele modelo de negócios; até desprezava. Ainda assim, estava intrigado e foi conhecer o Julio. Mais do que o modelo de negócios, Marcelo é interessado pelos pilotos das naves. Respeitado no mercado e tido como veterano da saúde empresarial, Marcelo liderou a reestruturação do UOL em 2000, onde atuou por sete anos, depois de trabalhar cinco anos na Boehringer, na Alemanha e em São Paulo, onde liderou como CFO.

Julio e Marcelo se encontraram num café da manhã, em São Paulo. Nas palavras de Marcelo, ele "se encantou" com Julio. "Saí da reunião certo de que queria ajudá-lo, e, quem sabe, até me envolver com ações, investir ou participar", lembra ele. Ele escutou o que o Julio tinha para falar, entendeu o problema e até começou a simpatizar com aquele modelo, que ele via como "a antiga intermediação no mundo real". Mas a beleza, segundo ele, estava na inovação: todo o dinheiro das transações passava pelo Peixe, o que dava à empresa grande controle sobre o processo. Ele deixou seu preconceito de lado e partiu para as entrevistas. Sua nova realidade seria deixar sua esposa e seus três filhos em São Paulo, passar os dias de semana em solo carioca e voltar para casa nos fins de semana. Pela primeira vez, ele passou a ser o mais velho da equipe. E por ser o mais experiente, também era o mais calmo. Marcelo engrossou o time dos veteranos, como Bruno Raposo, Alexandre Ferraz, Luis Carlos Freitas e Maria Fernanda Ortega.

Ao entrar no prédio da Avenida Presidente Vargas, ele também ficou impressionado. "Era de cair o queixo." Mas sugava um "custo absurdo" de 380 reais por metro quadrado – ou 540 mil reais de aluguel por mês. Ele passou pela cozinha e notou que ainda estavam fazendo o refeitório, ou "restaurante ecológico". Continuou andando e viu uma sala de reunião comprida, com painel de vidro, com cerca de vinte pessoas reunidas para uma reunião de diretoria. Na hora ele teve um *déjà-vu*: a cena o remetia ao UOL do ano 2000. Ao analisar os números, ele também engasgou. A área financeira não produzia rápido o suficiente para acompanhar a empresa. Havia um bom sistema de informações mensais de vendas, mas elas não se refletiam nas cifras da empresa, resultando em perda de dinheiro. Era preciso produzir relatórios para ver onde estava o sangramento.

Para Marcelo, era aparente que a relação entre Julio, Alex e Emerson, antes muito próxima, estava desgastada. Ele também notou que, apesar da adoção da política da transparência, alguns funcionários desconheciam a realidade. Não havia baixo-astral, muito pelo contrário. O clima era de animação, Polenguinho e bolacha. Aquela situação era vista por alguns como um "Google que ainda não fazia dinheiro". Mas outros já sabiam que algo estava errado: "Colocaram fichas de cassino na mão de crianças?", perguntou um deles. A curva de crescimento do negócio já estava "flat", chegando a um "platô". Caso aquela curva se estabilizasse naquele momento, seria um grande problema. Até então, era esperado que a taxa de crescimento fosse mantida, mesmo queimando caixa. Mas essa realidade vale apenas para o modelo de empresa que ainda está crescendo a 50% ou a 100% ao ano. Quando o crescimento é de 5% a 10%, o valor de mercado para o investidor despenca.

Importando sua vivência do UOL, Marcelo organizou uma das reuniões fundamentais para a reestruturação do Peixe Urbano: a primeira foi a preparação de uma planilha que indicaria quando a empresa entraria no *break even*. Ele apresentou uma simulação e colocou a palavra reestruturação na mesa. Em torno dessa nova realidade estavam, além de Julio e Alex, o Marcelo Quintela, o Alexandre Ferraz, o Bruno Raposo e a Maria Fernanda. Emerson começou a se distanciar da cúpula de executivos, já que o seu modelo de negócio passou a ser visto – naquela etapa – como um dos grandes culpados pela queima de caixa do Peixe Urbano. Isso gerou certa divisão ou até, talvez, uma briga de poder entre a equipe de vendas e o restante da empresa. Marcelo observou que o Julio sabe delegar, além de ter liderança e carisma inato. No entanto, ele deixava muitas funções nas mãos do Alex e do Emerson. E na visão do Marcelo, quando uma empresa cresce nessas proporções, é preciso confiar muito nas pessoas, para que elas tomem decisões independentes.

Com grande atraso, o Peixe decidiu largar o estilo Amway para adotar o estilo Ambev, a gigante da cerveja que nasceu em 1999, após o enlace entre Brahma e Antarctica – e famosa por focar sua gestão em performance dos times. Bruno começou a fazer a conta, a métrica, e a montar uma esteira de produção para priorizar as ofertas, produzir os textos e juntar as imagens. Uma "grande fábrica". A área foi projetada para uma receita que, naquela época, precisava dobrar. A meta nunca foi alcançada. "Entrei na crista da onda em novembro de 2011, e depois o negócio só foi ficando mais complexo, mais difícil, mais apertado", lembra Bruno.

Além de cuidar da área de relacionamento, em que ele já tinha passado o pente-fino, Bruno assumiu também a área de publicação e produção. A área de publicação tinha cerca de 250 funcionários, divididos entre Rio e São Paulo. Bruno pediu mais um mês para conhecer as pessoas e suas funções, e saber o que poderia otimizar. Em duas semanas ele concluiu que 50 pessoas poderiam fazer o trabalho daquelas 250. Ao longo de sua carreira, Bruno já havia demitido funcionários diversas vezes. "Não me orgulho disso, mas faz parte do dia a dia das trincheiras", explica. De fato, Bruno enxugou o custo operacional do *back office*. Para se ter uma ideia, na primeira fase do Peixe, para cada novo mercado aberto criava-se uma equipe de conteúdo responsável por redigir suas ofertas. Ou seja, para cada equipe de vendas havia um time editorial por trás. Esse processo inflava o custo de produção, e nunca se chegou a trabalhar de uma maneira unificada. O maior ganho da reestruturação do Peixe Urbano foi unir toda essa estrutura de produção de conteúdo: os melhores de cada área foram reagrupados por tipo de anúncio, e não por região.

Criou-se grupo especializado em depilação, outro especializado em restaurante japonês, outro especializado em teatro. Essa grande enxugada foi a ponta do iceberg das demissões e o coração da mudança de uma estrutura regional para uma estrutura de produto. Julio entendia que talvez alguns dependessem daquele salário, mas o que mais o tocava era reconhecer o sacrifício pessoal pelo Peixe. E, mesmo assim, eles teriam de ser desligados. Ao mesmo tempo, ele pensava: "Se eu cortar gente de menos, o barco inteiro pode afundar – e aí todo mundo perde o emprego". Era preciso cortar a mão para salvar o braço. Nas palavras de Julio, ele não podia escolher entre A e B. Ele só tinha a escolha A. Para ele foi duro.

■ ■ ■ ■

CAPÍTULO 24

Vocês estão demitidos

Dia 24 de junho de 2012, pouco mais de dois anos desde a fundação do Peixe, foi a data escolhida para as grandes demissões. Na noite anterior, Maria Fernanda chegou a convidar Aline, que morava em Niterói, para dormir em sua casa, no Rio. Era preciso virar a noite para preparar a batalha. Maria Fernanda passou a noite explicando a Aline como se portar, o que falar, qual seria o seu papel. No dia anterior ela treinou os gestores, para que eles usassem as palavras certas e respeitosas com os funcionários.

"Foi uma pena. Estávamos demitindo por causa da nossa incompetência – eu não deveria ter contratado tanta gente. Tive quase que pedir desculpas para todos eles", lembra Maria Fernanda. "Como RH, senti muito não ter sido dura o suficiente com os diretores para barrar aquele excesso de contratações. Como eu permiti tanta gente aqui dentro?". Naqueles nove meses, desde a sua chegada ao Peixe, ela viu o quadro de funcionários subir de 200 para mil pessoas. Muitos eram vendedores, sobre os quais ela não tinha controle. Mas o inchaço também a incomodava no escritório. Por mais que tentasse barrar mais gente, ela tinha que enfrentar decisões feitas acima dela.

Apesar de estar acostumado a mandar gente embora, para Bruno aquele foi o dia mais difícil no Peixe Urbano. Alex estava com frio na barriga – ele sabia que os cortes não iriam impactar tanto a sua equipe, mas teve medo ao pensar na parte comercial, na verba de marketing e nas áreas que afetam diretamente a receita. Era tanta gente a ser desligada que a cúpula decidiu convocar uma reunião com os sobreviventes: o time escalado para continuar na empresa seria reunido em um andar. A turma que iria perder o emprego foi reunida no andar de baixo. O dia começou com os funcionários chegando pela manhã – alguns já não estavam conseguindo fazer o login no sistema. Pedro Gabriel, um dos redatores, foi um deles. Pedro foi contratado em 2011, e viu a redação crescer de onze pessoas para mais de 70, entre Rio e São Paulo, escrevendo ofertas de todas as cidades. Ele dizia que ali havia mais gente – um andar inteiro – do que a redação do jornal *O Globo*.

Pela lógica, ele imaginou que seria desligado, e até conseguiu salvar alguns documentos em seu pen drive. No entanto, se esqueceram de lhe enviar um e-mail comunicando para qual sala ele deveria ir. Uma das gestoras de design o chamou e disse: "Pedro, estão te chamando lá em cima". O "lá em cima" significava que ele ainda teria seu emprego. Ao subir, ele juntou-se aos demais. Emerson entrou na sala, engoliu em seco e falou: "Os amigos de vocês que estão lá embaixo... Infelizmente, a gente vai ter que desligá-los". Imediatamente ele foi inundado com perguntas: "Por que eu fiquei?", "Quem saiu, quem não saiu?". Para Emerson, era preciso manter o clima do "Vamos lá, vamos continuar, vamos batalhar". Mas não foi uma tarefa fácil. Ele sabia que muitas amizades tinham se formado ali, e que muita gente dava o sangue pela empresa.

No andar de baixo, o clima era nebuloso. Bruno, Julio, Alex, Maria Fernanda, Luis Freitas e Marcelo Epperlein reuniram-se em uma das salas, enquanto as pessoas que seriam desligadas foram orientadas a se concentrarem em um salão. Na hora certa, Bruno falou à cúpula: "Agora vamos entrar". Perante aquela gente toda, Bruno foi direto ao assunto: "Pessoal, a empresa está se reestruturando, a receita não cresceu como planejado. Por isso, a gente vai desligar todos que estão neste salão". Lágrimas, soluços, drama. Bruno continuou: "Vou chamar um a um para assinar os papéis e bater um papo; mas todos serão desligados até o final do dia". Julio ficou numa sala com outro diretor, e Bruno em outra. Iam desligando um a um, finalizando o processo, que se estendeu até duas da tarde.

Para Bruno, no entanto, ter mandado aquele cardume nadar em outros mares foi apenas o começo da jornada. O desafio dali para a frente seria manter a empresa engrenando. Ele tinha certeza de que a quantidade de pessoas demitidas estava correta, e que as melhores foram retidas. Esse episódio aconteceu ainda sem o Peixe ter uma visibilidade clara, ou mesmo uma métrica de performance posta em prática. Tanto que, dois ou três meses depois, Bruno se viu fazendo alguns ajustes. Naquela tarde, o escritório continuou a funcionar no Rio de Janeiro. Foi então que ele pegou o avião para acompanhar o dia de demissões no escritório de São Paulo.

Para quem foi demitido, a impressão era outra. A equipe da publicação era muito unida, a redação gozava de um clima de amizade e namoro. Era um time de gente muito nova, para muitos aquele era o primeiro emprego. Outros eram alguns anos mais velhos, com mais experiência em redação. Ver gente chorando pelos corredores foi algo jamais visto até então na empresa. A choradeira tomou conta até dos que ficaram: a demissão pegou muitos de surpresa. Outros questionavam se aquele foi o jeito mais correto de demitir. Sabiam que se tratava de um caso extremo, por uma razão até então desconhecida. Emerson, por ser mais sério, com tom de voz calmo, acabou levando a "culpa" entre fofocas e entreouvidos. Poucos sabiam o que realmente acontecia nos bastidores. Apesar da comoção *en masse*, a equipe sobrevivente entendeu que, para a empresa ter chances de sobreviver, eles teriam de mostrar seu melhor. Bruno sentiu que a partir dali as coisas iriam dar certo.

■ ■ ■ ■

Em São Paulo, as demissões foram comandadas por Rodolpho. Como o escritório era menor, o clima foi menos dramático, mas ainda pesado. Bem pesado. Para ele, aquela era sua primeira vez desligando um grupo de pessoas, o que lhe causou uma sensação desconfortável. Ele juntava grupos de dez pessoas numa sala e evitava rodeios; a primeira frase foi "tenho que desligar todos vocês". Rodolpho teve a preocupação de fazer tudo de uma maneira planejada, para que ninguém sentisse desrespeito, e sem gerar ansiedade nos demais. Ou seja, ele não queria que ninguém saísse dali pensando "será que o próximo sou eu?". Ainda assim, Theo lembra que a cada nome chamado para a sala, o resto da equipe começava a tremer e a chorar.

Rodolpho foi claro. Contou o que aconteceu com a empresa e expressou sua opinião sobre os fatos. Ele acrescentou que cada um teria de passar no Departamento Pessoal. Em seguida, reuniu a equipe de tecnologia para receber os laptops. "As coisas estão organizadas, vocês podem pegar a papelada para saber quanto vão receber. Vocês podem fazer isso hoje ou outro dia. Fiquem à vontade", completou Rodolpho. O escritório paulistano tinha gente muito bem-humorada. Mas elas sofreram tanto com aquilo que, logo que Rodolpho entrou na sala, começaram a chorar. "Foi doído, mas muito sereno", lembra. Ele saiu arrasado do escritório, mas fez questão de ficar até as últimas horas, colocando-se à disposição para conversas ou dúvidas. No entanto, ouviu uma frase confortante do Marcelo Epperlein: "Hoje algumas coisas me doem, mas não demiti ninguém que precisasse daquele dinheiro para sustentar a família".

Rodolpho concordou. Ele via aquela equipe como uma mistura de personagens: a cultura evangélica do departamento comercial (que não foi demitido nessa época), a cultura festeira da equipe carioca da publicação e a ala dos workaholics. Ao deixar o escritório naquela noite, a cabeça de Rodolpho estourava de dor. Mesmo assim, ele foi ao teatro do Sesc para assistir ao que se tornou uma das melhores palestras de sua vida, comandada pelo dramaturgo, romancista e poeta paraibano Ariano Suassuna (falecido dois anos mais tarde, aos 87 anos). Só o alto-astral do alegre escritor poderia arrancá-lo daquele dia. Além disso, alguns dos demitidos tiveram o cuidado, ou carinho, de enviar mensagens de texto ao Rodolpho perguntando se ele estava bem. Aquilo o surpreendeu e o marcou: "Vocês foram demitidos e estão me perguntando se estou bem?"

■ ■ ■ ■

Triturador de carne

Não foi só Rodolpho que recebeu mensagens. Naquela noite, uma funcionária do Peixe enviou um e-mail para Irit, que dizia: "Oi, Irit, como está o Julio? Hoje ele estava muito triste, tivemos que demitir muitas pessoas". Quando o Julio chegou em casa, Irit perguntou o que havia acontecido. Ele respondeu: "Tive que demitir 300 pessoas". Julio é reservado e não fala de negócios com quem não está envolvido. Quando Irit deixou o Peixe, eles pararam de falar no assunto – ele não abria sobre os problemas, nem sequer contou para a noiva sobre as demissões que estavam por vir. No entanto, ela continuava apegada emocionalmente aos aspectos da empresa com os quais ela se importava – e considerava o Julio mais maduro por ser mais desapegado e separar as emoções. Por outro lado, ficou aparente para Maria Fernanda que ele estava "destruído".

Julio também não foi direto para casa. No fim do dia, ele deixou o escritório e foi passear sozinho no Campo de Santana, localizado na histórica Praça da República, perto da Avenida Presidente Vargas. Trata-se de um belíssimo parque, criado na época colonial, com lagos, por onde ele costumava andar. "Ninguém anda por ali, é meio Cracolândia", diz ele. Além dos drogados, encontram-se pavões e capivaras, animais que parecem roedores gigantes. Sem ter certeza de que animal era aquele, Julio tirou uma foto de um, enviou via celular para Rodolpho em São Paulo com a pergunta: "Que bicho é esse?"

Naquela noite, os dois conversaram por Skype – para Rodolpho, o que eles falaram parecia "papo de bêbado". Ao receber a foto do animal, eles começaram a trocar ideias sobre fotografia. "Nem sabia que você gostava tanto de fotografia assim", disse Rodolpho. "Sim, amo fotografia", respondeu Julio. Rodolpho contou sobre a palestra. E Julio contou que andou pela praça e tirou várias fotos. "Ele me mandou links de fotos que tinha tirado em outros dias, algumas bem legais", diz Rodolpho. "Ele também enviou links de fotógrafos, algumas coisas achei bem pesadas. Estávamos muito cansados da intensidade emocional daquele dia; caso contrário, teríamos dado risada."

■ ■ ■ ■

"O dia foi péssimo", recorda Julio. "Passamos por um triturador de carne. É preciso perseverança para sobreviver, aguentar, para continuar a guerra do dia a dia. Não esperava que esse processo fosse tão desgastante, e que os altos seriam tão altos, e os baixos tão baixos." Ele lamenta que a equipe tenha projetado um escritório superdimensionado para contratar mais gente e, na verdade, aconteceu o movimento inverso. O escritório começou a esvaziar, e, depois de duas ou três rodadas de cortes, um andar inteiro ficou às moscas. "Parecia um cemitério", confessa Julio. "As mesas e cadeiras desocupadas lembravam constantemente as demissões."

Julio entendeu que aquele escritório foi um divisor de águas. "Quando o negócio está indo bem, ter um videogame é o de menos. Mas quando você está demitindo, surge a pergunta: 'Não há dinheiro para me pagar, mas há dinheiro para Playstation?'. Era um escritório legal. Tinha um espaço grande, aberto, a gente trazia muita gente de fora para dar palestras, treinamentos, a gente fazia o Papo de Peixe. Sempre fomos muito transparentes, os investidores sempre sabiam o que estava acontecendo, não era uma surpresa", pondera. "Esse escritório foi feito para o nosso pico. Foi muito azar. Tivemos que deixá-lo e ainda pagar multa por quebra de contrato." Os móveis foram vendidos numa xepa, anunciada no Facebook. Algumas cadeiras de última linha foram adquiridas pelo espaço de coworking Templo, outras foram parar em outros projetos da arquiteta.

Antes de colocar as demissões na mesa, Bruno não descartava uma possibilidade: a má reação de quem ficou. Ele temia um estresse coletivo, e que alguns pedissem uma semana de férias. Isso não aconteceu. No dia seguinte, ele sentiu um bom clima no ar, e que havia chances de a empresa voltar a dar certo. Maria Fernanda lembra que as mensagens no Facebook eram todas positivas, de gente agradecendo pela oportunidade de ter trabalhado numa empresa "tão incrível" e dizendo "que pena que acabou". Alex notou que houve um entendimento geral de que, ao descomplicar os negócios, todos os indicadores melhoram – "quanto menos pessoas se reportam a você, melhor", repara ele.

Dias depois, Rodolpho estava no Rio, na casa de um amigo, quando recebeu duas versões de um e-mail escrito por Julio. Ele planejava enviar à equipe inteira do Peixe. Julio costumava pedir para que Letícia e Rodolpho lessem e-mails do gênero antes de dispará-los. Mas aquele, segundo Rodolpho, foi meio ousado. Julio mencionava, inclusive, a caminhada que ele fez no dia das demissões. Julio reconhecia no Rodolpho um pilar ali dentro do Peixe Urbano. "Acho que nunca te agradeci por ter aceitado o convite de fazer um job temporário no fim de semana." Rodolpho respondeu: "Sem aquele fim de semana eu estaria mais magro, teria mais dinheiro, mais cabelo, estaria menos louco. Mas estaria bem menos feliz. Prefiro essa cachaça aqui em vez daquele suco de groselha do mundo corporativo". E continuou: "Obrigado pelo convite e pela confiança, mesmo nos momentos mais difíceis".

■ ■ ■ ■

CAPÍTULO 25

Sorria ou não – você está na Barra

Encontrar um novo endereço para o escritório do Peixe Urbano foi mais uma missão para o Marcelo Epperlein. A Barra da Tijuca foi o bairro que, naquelas circunstâncias, soava como ideal. Oferecia amplo espaço e menor custo de aluguel. O endereço escolhido por Marcelo foi o segundo andar de um prédio da Península, um sub-bairro e área nobre, famoso pelo urbanismo sustentável, onde o metro quadrado valia 90 reais. Como paulistano, Marcelo viu claramente a divisão de opiniões dos cariocas sobre trabalhar no Centro da cidade ou na Barra da Tijuca. A Barra é sinônimo de trânsito e não contava com a variedade de acessos que se tem no Centro (anos mais tarde, uma linha de metrô chegou na região para acomodar os Jogos Olímpicos de 2016). A decisão e o planejamento foram pontos de estresse na equipe. Julio e Alex moravam na zona sul. Julio não tinha carro. A Barra não atraía nenhum dos dois. Mas eles nunca se colocaram em primeiro lugar. Duas perguntas eram relevantes: "A mudança de bairro faz sentido para a empresa?" e "As pessoas querem e podem trabalhar lá?"

Tentando manter uma gestão participativa, eles buscavam informar a todos sobre as decisões que impactariam o grupo. Em vez de anunciar uma solução feita entre quatro paredes, Julio foi aberto com a equipe: "Olha, estamos passando por isso, esse escritório custa tanto, se a gente for para a Barra, economizaremos tudo isso. Dessa forma, a empresa terá um resultado melhor. Vocês acham que devemos ir?". Luke, o homem das planilhas, criou um questionário via Survey Monkey e enviou o link para o time. Ele perguntava se as pessoas concordavam com a mudança, se pediriam demissão, se ficariam infelizes, se a nova localização seria economicamente viável para cada um.

Certamente era impossível agradar a todos, mas a cúpula levou aquela pesquisa em consideração. Ela foi importante para se medir o custo, ter um comprometimento com o time e honrar a satisfação dos funcionários para que a empresa funcionasse bem. A postura transparente do Julio foi positiva e evitou frustrações ou sentimentos de injustiça. Como a mudança seria grande também no aspecto emocional, Marcelo se preocupou em escolher um prédio que não fosse visto como *downgrade* (rebaixamento) pelos funcionários. O prédio na Península tinha uma vista indescritível da Pedra da Gávea e da Barra da Tijuca inteira.

O aluguel custava 175 mil reais por mês, uma disparidade em comparação ao meio milhão que se pagava pelo espaço no Centro. A redução no custo do aluguel já estava no plano que faria o Peixe Urbano começar a gerar caixa. Mas a mudança trouxe outro benefício: ela peneirou a equipe. Quem realmente gostava da empresa não encarava o trânsito extra com tanto sacrifício. Os demais saíram. Marcelo sentiu que tinha um brilho naquele lugar, muita gente jovem, com um bom astral. Para evitar horas no trânsito entre a zona sul e o novo escritório, Alex empacotou sua casa e mudou-se para a Barra.

■ ■ ■ ■

Outra estratégia a ser analisada por Marcelo era saber onde estava o Peixe em relação à concorrência. O ClickOn estava focado em turismo, e o Groupon, em produto. Seria o caso de investir em turismo? Marcelo achou que não – o próprio ClickOn não foi feliz com a escolha. Marcelo fez os demais respirarem fundo e continuarem a focar em serviços. O Peixe tinha companhia. O primeiro semestre de 2012 fechou com um aumento de 400% de reclamações contra sites de compras coletivas, em relação ao mesmo período do ano anterior. A informação foi divulgada pelo

Procon-SP, que resolveu chamar algumas das maiores empresas do setor – Caldeirão de Ofertas, ClickOn, Clube do Desconto, Groupon, Peixe Urbano, Pesca Coletiva e Privalia – para assumirem um compromisso de melhoria em seus serviços prestados. Uma nota publicada na revista *Veja* dizia: "Groupon (que lidera o ranking de reclamações), Peixe Urbano, Pesca Coletiva e Privalia afirmam já ter entrado em contato com o órgão para assumir o compromisso". Para o time de vendas, o mar não estava para peixe, para não dizer que estava quase virando sertão. O telefone não tocava. Potenciais parceiros deixaram de ligar em busca de negócios – e os vendedores passaram a penar para fechar contratos.

Donos de estabelecimentos já não queriam mais ouvir sobre o assunto ou perder tempo recebendo representantes de sites. Eles sabiam das falências em massa causadas por má administração de cupons e serviços. Ao bater na porta ou telefonar para restaurantes e clínicas de beleza, vendedores escutavam frases como "Ah, não! Lá vem mais uma coisa qualquer urbana!". E não atendiam. Marcar reuniões virou um pesadelo. Alceu orientava seus vendedores a ligar para estabelecimentos se dizendo representante de "uma empresa do Luciano Hulk" (que continuava com sua porcentagem no Peixe). Quando os vendedores chegavam à reunião, os donos descobriam que se tratava do Peixe Urbano. Alguns não gostavam. Mas, uma vez lá, os bons conseguiam vender ofertas. Em meio a esse declínio, eles tinham que mudar o discurso, tentar marcar reuniões de qualquer forma, ressaltar as novas opções de aplicativo e de comissões mais baixas: o Peixe receberia apenas 30%. Até então, a porcentagem do Peixe para serviços era inflexível – e algumas exceções eram feitas a produtos e viagens. Essa inflexibilidade era, inclusive, algo que Eduardo Grinberg tentava abordar com o Julio – Eduardo sabia que isso machucava a cadeia.

A partir daí houve uma mudança na dinâmica. Emerson distanciou-se por conta própria, e assim foi perdendo poder dentro da organização. Ele viu o restante da cúpula desmontar o modelo criado por ele, tanto de remuneração como de equipe comercial. O Alexandre Ferraz, que cuidava do marketing, um profissional que foi trazido do mercado, passou a cuidar da área comercial. Dessa forma, a equipe passou a ter um selo de setor de vendas tradicional, e não piramidal. Com essa divisão, a cúpula passou a tomar decisões mais duras. No dia 1º de agosto, depois das oito da noite, Julio disparou um e-mail para todos os funcionários do Peixe Urbano, incluindo México, Argentina e Chile, anunciando essas mudanças. Àquela altura, Julio pilotava uma aeronave de 12 milhões de usuários em 70 cidades – eles vendiam cerca de 1 milhão de cupons por mês.

■ ■ ■ ■

Bruno Raposo teve de sair da zona de conforto para enfrentar a maré baixa que a empresa enfrentava. Suas ações eram questionadas. Diariamente criticado, ele nunca havia engolido tanto sapo, mas jogava tênis e praticava outros esportes para extravasar a energia do trabalho. Ele aprendeu, sobretudo, que código de honra não funciona no Brasil. "Nada vai para a frente se não for controlado e fiscalizado. As pessoas têm de se sentir vigiadas", diz. Exemplo disso foi o dia em que o sindicato bateu na porta e passou a pedir horas extras, reivindicando o tempo que funcionários passaram ali para happy hours e Papo de Peixe. Eles chegavam com planilhas nos Recursos Humanos mostrando cada dia que tinham ficado lá a mais.

A partir desse movimento, Maria Fernanda, contra sua vontade, instalou um sistema de relógio de ponto. "Se eles queriam ser tratados como funcionários, então era esta a forma de tratá-los", diz ela. "O Peixe teve de pagar um dinheirão para as pessoas que ficaram ali tomando cerveja. Muitos levaram vantagem." O Julio se decepcionou tanto quanto ela. Ela notou ali que os propósitos dos funcionários não estavam alinhados com os dos diretores.

Segundo Bruno, o maior erro do gestor é achar que a sua equipe responde ao mesmo conjunto de valores e aos mesmos estímulos dele. Para uns, a prioridade é o dinheiro. Para outros, é o status. Para outros, é o hobby. Outros se preocupam com o corpo. Para muitos, o emprego é apenas um coadjuvante. Antes de um líder interagir com tanta gente é preciso entender que cada um tem seu conjunto de metas, diferentes escalas de valores e de princípios. Mas é preciso fazer todo mundo funcionar da melhor forma possível. "É preciso ter controle emocional e pensar que progresso não vem sem concessão, e que você tem que buscar resultados maiores todos os dias."

A filosofia do Vale do Silício, tanto almejada pelos sócios-fundadores, se bicava com a realidade brasileira. "Queríamos criar um ambiente de trabalho flexível. Nos Estados Unidos, muitas empresas de tecnologia funcionam dessa forma, com mais direito a folgas e menos direito a férias. As pessoas ficam à disposição e têm que cumprir metas", lembra Luke. "A Netflix é famosa por ter criado um estilo 'use seu juízo', que se disseminou por várias startups", diz ele. "Mas nem todos têm maturidade para isso – alguns tiram proveito." Transferir a Califórnia para uma legislação engessada, como a brasileira, nem sempre é possível. Luke acredita que parte do "caos" foi o conceito da "flexibilidade" ter sido visto como "falta de gestão ou seriedade".

No Brasil, um funcionário era obrigado a ter 30 dias de férias por ano depois de 12 meses na empresa (essa lei mudou em novembro de 2017, permitindo que as férias sejam fracionadas em três períodos de 5 a 14 dias corridos). Luke acreditava no otimismo dos executivos ao criar novas formas de trabalho, mas que eram freadas pela legislação local. Julio saiu de Stanford focado em construir a primeira empresa a abrir capital nos Estados Unidos, e acabou operando em uma realidade que, de fato, não existia. Ao mesmo tempo, ele teve de aprender que quantidade e qualidade não se bicam – e que grande parte dos parceiros não entendeu o jogo. Pessoas que investem em startups no Brasil sabem que existe diferença entre elas. Há as startups que se moldam aos costumes locais e as que têm mais dificuldade. No caso do Peixe, há quem soubesse que a foto do filé anunciado no site não corresponderia à realidade. Mas havia quem pagasse – literalmente – para ver. No final, a culpa sempre será de quem anuncia o serviço.

Bruno gostava de replicar algumas práticas que via no escritório de São Paulo nas áreas de novos negócios, atendimento e publicação. Em dado momento, surgiu uma discussão sobre mudar a sede do Peixe para São Paulo. Quem levantava a bandeira da mudança eram os três paulistanos, Maria Fernanda, Marcelo e Bruno, o que para muitos soava como bairrismo. Mas não era. Exceto Alexandre Ferraz, todas as contratações de diretores foram feitas fora do Rio. Maria Fernanda, que penava para contratar talentos, sabia que startup, tecnologia e serviços não eram a praia dos cariocas: eles são mais voltados para empresas de infraestrutura, petróleo e gás. A maior parte das startups operava em São Paulo. No final do ano, ela se viu numa empresa pequena, sem necessidade de manter tantos diretores. Ela escreveu, então, uma proposta de organização para o

Peixe, a qual eliminava algumas posições de chefia – incluindo a própria. Mas Julio pediu para que ela ficasse um pouco mais.

    O grande desafio para ele, então com 30 anos, foi readaptar sua mentalidade para o mercado real, mas a demora gerou muito prejuízo. O professor de Stanford Hayagreeva Rao e seu estudante Yan Li, autores do "Estudo de Caso do Peixe", reforçaram que nessa fase Julio deixou de ser apenas o "fundador" para ser um "Turnaround CEO". O líder que dá uma virada na manivela para evitar o naufrágio. Em meio a ondas e tempestades, não havia alternativa a não ser cancelar todas as iniciativas nos demais países da América Latina e voltar a focar no Brasil. Pedro Rivas, que levou um ano e meio expandindo o Pez Urbano pela vizinhança, passaria os seis meses seguintes fechando porta por porta na região e terminando seu ciclo na empresa.

    Em outubro, Julio terminou as lições obrigatórias para sua conversão ao judaísmo. O próximo passo seria viajar para Israel, para fazer a cerimônia que o tornaria oficialmente judeu. Mas, para isso, Irit teria que aceitar todas as tradições ortodoxas; não era isso que ele queria. Então eles encontraram um rabino conservador em São Paulo, que poderia convertê-lo sem a necessidade de torná-los ortodoxos. Eles pegaram algumas pontes aéreas para estudar com o rabino, fizeram a conversão, e em dezembro de 2012 Irit e Julio tornaram-se marido e mulher.

■ ■ ■ ■

CAPÍTULO 26

Reclame Aqui e Porta dos Fundos

O ano de 2012 foi tão ruim que nem Andrew Mason, fundador e CEO do Groupon, nos Estados Unidos, passou impune. No final de fevereiro de 2013 ele foi demitido. Em nota, o Groupon anunciou que a companhia passava por um período de reformulações em sua liderança, e devia apontar em breve um substituto para ocupar o cargo. Mason, então com 32 anos, deixou o Groupon um dia após a apresentação financeira do grupo, que não agradou os investidores. Em 2012, a companhia perdeu cerca de 80 milhões de dólares – 15 milhões a mais em relação ao prejuízo registrado no ano anterior.

Segundo a revista *Time*, em uma carta para os funcionários ele cita: "Fui demitido hoje. Se você está se perguntando por que, você não tem prestado atenção no que está acontecendo ao seu redor". Ele cita as técnicas controversas de contabilidade, as falhas em alcançar as projeções financeiras e o dramático declínio das ações. "Os eventos do ano passado falam por si só. Como CEO, sou responsável por isso." Em junho, foi a vez do Brasil escolher um novo CEO para o Groupon: surgiu para a vaga Michel Piestun, executivo com passagem pela Samsung, Schincariol, Staples e Claro.

No Peixe, Marcelo se impressionava com a maturidade de Julio ao tomar duras decisões. Mas isso vinha com um preço: por vezes, Marcelo o sentia distante e até um pouco depressivo. Nessa fase, algumas peças-chaves do time começariam a deixar a empresa. Eles se reuniram na casa do Marcelo Quintela em um fim de semana para discutir os próximos passos da reestruturação e estratégias de retenção. Mandar gente embora tinha sido tão doloroso que eles queriam evitar mais uma leva. Então mais uma atitude radical foi tomada: o compromisso de que as pessoas da cúpula ficariam alguns meses sem salário. O acordo era esse: se em março de 2014 a empresa entrasse no *break even*, eles ganhariam um bônus. Alguns deixaram de receber metade do salário e outros, o salário inteiro. Houve também oferta de salários a serem pagos em ações.

Marcelo, que ficou cinco meses sem ganhar uma moeda, nunca tinha visto nada do gênero. O nível de comprometimento e de união era tanto, que mesmo executivos que foram contratados do mercado abriram mão do salário. Entre eles, Bruno, Maria Fernanda, Marcelo Quintela, Alexandre Ferraz, além da Letícia Leite – cada um abriu mão dentro de suas possibilidades. Maria Fernanda, além de receber metade do salário, passou a pagar suas passagens para ver a família em São Paulo nos fins de semana, e também as despesas em manter uma moradia no Rio. Nessa situação, ela se deu conta de que tratava o Peixe como se a empresa fosse sua. Mas não era. Em março de 2013, ela voltou para São Paulo. Em maio, Quintela, que liderava a área de produtos, também deixou o Peixe. Em abril, Rodolpho também se desligou, em São Paulo, pois entendeu que a empresa já estava pequena e não precisavam mais dele. Logo depois, o escritório paulistano foi fechado.

No Peixe Urbano, as mudanças internas navegavam bem, mas as externas continuavam batendo a cabeça. Um modelo que tem pouco controle sobre o serviço entregue por terceiros sempre padecerá de usuários insatisfeitos. As reclamações de compras coletivas eram tantas que o Peixe Urbano virou motivo de piada no site "Porta dos Fundos", o fenômeno da Internet que leva vídeos semanais ao YouTube, satirizando diversos aspectos da sociedade. O vídeo, de dois minutos, mostrava a prostituta Natasha, largada às 6 da manhã nas calçadas da Lapa, depois de passar a noite prestando serviços a 20 clientes do Peixe Urbano. O cliente, Nelson, apareceu pontualmente, munido de cupom impresso, e a descrição da modalidade oferecida na oferta, intitulada "Princesa Moderna". A tal princesa tentava remarcar o serviço para outro dia, alegando exaustão e estado deplorável. Mas o cliente insistia: não queria perder a promoção, relembrando a vez que passou por situação semelhante, e nunca mais viu seus 7,50 reais. O vídeo viralizou, e a resposta do Peixe Urbano apareceu no portal do Facebook em apenas 40 minutos. O episódio estourou na mídia impressa, ressaltando a rapidez e humor do Peixe. Por trás do feito estava o PK. Sem se intimidar, ele postou o vídeo da Porta dos Fundos, acompanhado do seguinte texto:

Porta dos Fundos, queremos nos pronunciar dizendo que houve confusão com sua reclamação sobre nosso suposto atendimento:

1. Essa oferta é originalmente de nosso concorrente, o Portal Peixereca, *o primeiro portal de compras coletivas do mundo adulto.*

2. O vídeo está defasado, usamos apenas cupons formato mobile, para evitar o desperdício de papel.

3. Quer uma Devassa de verdade? Aproveite a feijoada completa deles lá em Ipanema: http://pes.ca/17H9534

4. SEMPRE leve a sua camisinha.

PK continuava responsável pelas redes sociais do Peixe Urbano. Isso incluía a criação e manutenção da voz da empresa, além de responsabilidades de faturamento vindo dos engajamentos dos usuários com as redes sociais, relacionamento com parceiros, área de atendimento ao consumidor e uma parte de marketing on-line – compra e otimização de anúncios. Ele também exercia outras funções dentro da área de marketing, desde criação até coordenação de campanhas especiais. Ao mesmo tempo, a equipe de assessoria de imprensa do Nelson Rodrigues fazia monitoramento das reclamações e piadas nas redes sociais.

O site Reclame Aqui foi criado para esclarecer problemas de consumidores não atendidos ou mal atendidos por empresas. O modelo funciona porque o site dá prazos curtíssimos para a empresa colocar ponto final nas devidas questões. É o famoso "deadline". Nelson e Letícia designaram, cada um, uma pessoa de seus times para lidar com o Reclame Aqui. O time do Reclame Aqui enviava e-mails com os problemas para essas duas pessoas, estipulando um prazo para resolução. Solucionado o problema, a dupla retornava ao Reclame Aqui comunicando o desfecho. E assim foi feito. Caso por caso. Reclamação por reclamação. Até então, não era de praxe as empresas pontocom disporem seres humanos para quem os usuários pudessem se dirigir – talvez o aspecto mais exasperante do mundo digital. No Peixe não era diferente. Mas eles não tiveram escapatória. Não tinha mais como se esconder. Nelson se lembra de um caso em que uma jovem comprou um cupom para um restaurante que logo faliu. O Peixe teve de estornar o dinheiro. E, como esse, havia milhares de casos. Era hora de estruturar o retorno ao cliente. Com maior foco, o Peixe passou a apagar o fogo com mais sucesso.

Em 2014, o Reclame Aqui registraria 5.762 reclamações sobre o Peixe – quase todas respondidas no prazo de um dia. O índice de solução naquele ano foi de 91%. No ano seguinte, o número de reclamações subiu para 11.471 – o número de tempo de resposta passou a ser mais longo: o usuário passou a esperar uma semana. O índice de resolução, no entanto, permaneceu alto – 89%. O Peixe foi o vencedor de melhor atendimento do Reclame Aqui em 2012 e 2014 (em 2015 e 2016 também). A eleição é feita a partir de votos de usuários no site, e o prêmio é entregue em parceria com a revista *Época*. Nelson lembra que a Letícia até criou uma pauta para divulgar o prêmio à imprensa. Mas ele não acredita que esse é um prêmio merecedor de tal orgulho. Para ele, o ideal seria que a empresa tivesse seu próprio canal com o cliente.

■ ■ ■ ■ ■

CAPÍTULO 27

Metas, lupas e pente-fino

Marcelo Epperlein continuava acreditando no modelo de negócio e notou que a reestruturação se dava rapidamente. Os cortes foram acontecendo, as comissões foram diminuindo, e os concorrentes – que também cobravam 50% de comissão – seguiram o mesmo caminho. Com isso, os sites pequenos, que ultrapassavam dois mil pelo país, começaram a evaporar. Também era preciso controlar a interação entre o usuário e o parceiro, em todos os pontos de contato: desde a compra do cupom até o momento da viagem. O Peixe passou a ter acesso ao sistema e fazer o trabalho de meio de campo entre a operadora e o usuário, chamado pela equipe de cupido: estimular o usuário a usar o cupom com rapidez e acompanhar se de fato isso vai acontecer. O Peixe Urbano também cortou o relacionamento com parceiros que recebiam alta taxa de reclamação, bloqueou estabelecimentos com má reputação on-line e passou a usar o site FourSquare para extrair dados concretos, em vez de vagas opiniões da equipe interna. Não era mais viável lidar com fraudes que queimavam a marca e geravam despesas.

Estabelecimentos não localizados no FourSquare passaram a ter poucas chances de ser procurados pelo Peixe Urbano. E os estabelecimentos que entram em contato passam por alguns critérios, a começar por um website apresentável. O nível de interação entre o Peixe e os parceiros também ficou mais estreito – Bruno sempre estimulou uma comunicação multicanal, seja por e-mail, Skype, WhatsApp, seja por telefone. Segundo ele, é um trabalho de formiguinha. Além disso, cada oferta passa por pelo menos três áreas de aprovação, seguindo uma lista de dez itens para sua aprovação. O departamento financeiro, por exemplo, rastreia fraudes via empresa Serasa (que centraliza serviços de banco) e, para ofertas de maior peso, colocam a lupa sobre o crédito e o balanço. Usando um sistema chamado Sales Force, eles não chegam a barrar estabelecimentos, mas colocam um limite na quantidade de cupons que ele pode oferecer, dependendo de sua saúde financeira. Em todas as ofertas examina-se o histórico de reclamações no Reclame Aqui e em outros sites.

O nível de satisfação da performance do funcionário passou a ser de 90% – quem não atingir esse número é obrigado a fazer um treinamento adicional. Se não der certo, troca-se por alguém capaz de atingir essa meta. Com esse freio, o Peixe passou a ser uma empresa mais focada em excelência operacional, com métricas e objetivos visíveis e claros a todos. Gradualmente, 80% dos funcionários do Peixe Urbano – do operacional ao comercial, e também o jurídico – passaram a se reportar ao Bruno, direta ou indiretamente. Julio lembra que na hora de cortar custos é preciso repensar a forma de alcançar um melhor resultado pela metade do preço. Isso requer melhoria contínua, números, indicadores e organização – tudo isso o Bruno trouxe para o Peixe. Com criação alemã, Bruno cultua a excelência. Admirador do tenista suíço Roger Federer, ele é fiel seguidor de eventos esportivos e presta atenção nos bons modos de um exímio garçom. "Admiro quem faz sua atividade com perfeição, independentemente de sua grandiosidade. Gosto de observar alguém que nasceu e se preparou para aquilo", diz Bruno.

■ ■ ■ ■

Em meio a tantas mudanças, Emerson e Alceu, seu braço direito, deixaram o Peixe. A estratégia de expansão da dupla foi, sem dúvida, a chave do crescimento meteórico e forma de manter a "prateleira cheia", ou seja, um número suficiente de promoções on-line em todas as regiões. O Peixe jamais nadaria para a frente com duas ou três promoçõezinhas por cidade. Foi Emerson, com suas táticas de incentivo, que alavancou a expansão e o crescimento meteórico. No entanto, segundo a turma da reestruturação, essa tática também trouxe alguns problemas para a companhia. Sublinhava-se nessa fase a alta distorção no pagamento da equipe de vendas, o que Rodolpho chamava de "cascata de remuneração".

Especulava-se que alguns vendedores abriam operações em novas regiões, funcionando como "donos da praça"; informalmente, depois de os vendedores receberem seus pagamentos do Peixe, via depósito bancário, alguns deles repassavam comissões para seus coordenadores como pessoa física. Emerson afirmou que nunca participou de nenhuma conversa sobre o assunto, acrescentando que tal prática nem seria viável dado o tipo de serviço. Maria Fernanda tentava alertar o Julio sobre as tais práticas. Ele admite ter escutado esses rumores, mas nunca parou para investigá-los. Dessa forma, não tinha provas para agir contra. Tais rumores nunca chegaram até o Alex, que não participava diretamente na área comercial. Theo, vendedor de São Paulo, também desconhecia essa realidade em São Paulo, mas revelou que havia ali outro esquema: donos de restaurantes, que prometiam apresentar outros donos de restaurantes aos vendedores do Peixe, embolsavam parte de suas comissões caso alguma oferta fosse fechada.

Essa operação, frequente em empresas do universo digital que passam pela fase de crescimento explosivo seguida de declínio igualmente meteórico, costuma ser tratada pela política "don't ask, don't tell". Na fase de crescimento, ninguém questiona os resultados. Mas, citando uma expressão de Wall Street, quando "a maré baixa e dá para ver quem está nadando pelado", fica evidente que a busca frenética por mais e maiores comissões sacrifica a alma e pode ferir de morte a empresa. Para a equipe de reestruturação havia pistas: alguns vendedores foram resistentes às mudanças. A resposta era clara: o Peixe sempre pagou o que era oficial. O resto era com eles.

Com esses esqueletos no armário havia um risco: os vendedores eram pessoas jurídicas, trabalhadores autônomos. Marcelo sabia que no Brasil há uma legislação trabalhista desfavorável às startups. Para evitar qualquer risco, era preciso conhecer meticulosamente o sistema tributário brasileiro e os detalhes dessa legislação. Uma vez demitido, qualquer um deles poderia abrir um processo contra a empresa dizendo que era funcionário. A causa é facilmente ganha. Era preciso transformar a equipe comercial de terceirizada para CLT (Consolidação das Leis do Trabalho) – assim, os vendedores passariam a ter vínculo empregatício com o Peixe, com benefícios, celulares e computadores fornecidos pela empresa.

Apesar de apoiar as medidas, investidores como a Monashees, o Grupo Benchmark e a General Atlantic cobravam cortes. O Conselho reunia-se virtualmente a cada mês, e presencialmente a cada trimestre. No final de 2013, Marcelo fez um cálculo de "custos de liquidações" para os investidores mostrando quanto sairia para fechar a companhia. O cálculo é feito a partir da quantidade de caixa e tudo o que se tem para receber dos clientes; avalia-se o custo de demitir todo mundo e olha-se para as contingências trabalhistas.

O Peixe chegou a ter cerca de 4 milhões de reais sólidos em contingências trabalhistas sendo julgados. Essa cifra existia porque, quando se começa um processo trabalhista, já é feito um pleito. E entre o pleito e o que realmente entra no acordo é um número bem diferente. Alguém poderia pedir 500 mil reais, mas no final acaba-se acordando em 50 mil reais. Ou seja, o número que se coloca como contingência no balanço é diferente do que se tem no acordo entre a empresa e o funcionário. Esse número poderia ser até maior: o departamento jurídico, além de cuidar de todos os problemas relacionados à emissão de cupom e à emissão de serviço, tinha como foco vigiar as contingências que poderiam surgir. A estratégia era fazer acordos antes que os processos se tornassem ainda mais volumosos. Essa era uma das principais preocupações.

A saída de funcionários em massa acabou criando dois grupos: os que resolveram colocar a boca no trombone e os que preferiram ficar quietos; afinal, para muitos o pacote de benefícios que veio com o desligamento da empresa foi bastante razoável. Alguns usaram o dinheiro para abrir o próprio negócio. O número de gente que entrou com processo contra o Peixe foi muito menor que o esperado. Maria Fernanda diz que esse é um ponto para se orgulhar. Dos que processaram o Peixe, alguns se arrependeram ao ver que meses mais tarde a empresa se recuperou e não podiam mais voltar.

"O combinado não sai caro", lembra Theo. "Tudo que o Emerson acertou comigo desde o primeiro dia foi feito." Por essa razão, ele achou um absurdo ver colegas acionando o Peixe na Justiça quando foram demitidos. Três deles o chamaram para servir de testemunha em audiência – Theo recusou. Provavelmente por causa disso, ninguém mais pediu. Ele sabia, no entanto, que, ao contratar alguém como pessoa jurídica, uma empresa não pode estabelecer metas, dar um endereço de e-mail da empresa, nem fazer ninguém trabalhar sob pressão. O Peixe Urbano errou nesse sentido e era sabido. Por isso, abriu brechas para alguns recorrerem à Justiça. Mas Theo lembra também que todas as startups nascem assim – não há como dar certo sem caminhar nesse pique. Todos que entraram no Peixe sabiam das regras de antemão – por isso, não fazia sentido reclamar depois.

Aqueles que acionaram a empresa sabem que no Brasil as chances de o juiz defender empregados são gigantes. Um coordenador que se desligou do Peixe recorreu à Justiça alegando ser "analista", e por isso não deveria ter trabalhado tantas horas extras. A pedido do departamento jurídico do Peixe, uma das testemunhas a favor da empresa foi Andressa, prata da casa. Apesar de ser amiga do tal coordenador, ali estava ela, do outro lado da mesa. Andressa reforçava ao juiz que o rapaz tinha o título de coordenador. O juiz nem sequer escutava. Ele apenas repetia o que ela falava de uma forma diferente, gerando outro sentido à frase. Andressa saiu da audiência se perguntando: "É esta a Justiça do Brasil?"

■ ■ ■ ■

Os gringos debandaram

No dia 28 de setembro de 2013, mais uma vez a revista *The Economist* fez história no Brasil. Dessa vez, o Cristo Redentor embicava para baixo, como se a decolagem tivesse catastroficamente dado errado. "Has Brazil blown it?" (O Brasil detonou sua economia?), perguntavam os editores. Julio não se abala com essas gangorras. Ele diz que o setor de tecnologia e de Internet é descolado do PIB. A situação do Brasil certamente não estava mais favorável, mas, além disso, o Peixe tinha passado por um trauma tão forte sob a lupa de investidores que eles acabaram por fechar o apetite dos fundos de capital de risco. Sim, o Peixe Urbano inicialmente foi responsável por atrair os olhos do Vale do Silício para o Brasil, mas o apetite dos gringos pelo mercado de Internet brasileiro nunca voltou a ser o que era.

A redução de custos fez com que o Peixe Urbano chegasse a um movimento de cerca de 15 milhões de reais de receita, e estabilizar por volta de 12 ou 13 milhões de reais, algo próximo ao *break even*. Nesse ponto, a empresa foi encolhendo – dos 1.150 funcionários que ela tinha no pico, agora eram 350. Marcelo não conseguiu convencer o Julio para se tornar sócio, então ele decidiu voltar para São Paulo. Ele chegou a comprar um apartamento na Barra, e por dois anos viveu na ponte aérea vendo os três filhos e a esposa apenas aos sábados e domingos. A conversa com o Julio foi dura. Marcelo tinha concluído que sua missão estava mais ou menos cumprida, pois deixou o Peixe quase nos eixos. No entanto, houve certo mal-estar. Ao perguntar ao Julio sobre a possibilidade de receber parte do bônus – por ter deixado de ganhar cinco meses de salário –, ele achou melhor não. A empresa ainda não estava totalmente sanada e não podia esbanjar dinheiro. Marcelo achou correta a decisão de Julio. De qualquer maneira, ele já tinha propostas de trabalho em São Paulo. Em outubro de 2013, ele voltou para casa e continuou sua carreira em multinacionais.

■ ■ ■ ■

CAPÍTULO 28

Os chineses chegaram

No começo de 2014, o Peixe beirava seu nível de equilíbrio financeiro – a parte trabalhista estava praticamente sob controle. Nesse período, já se buscava um novo investidor ou um comprador. Em setembro de 2014, o Peixe mudou de escritório mais uma vez, para um conjunto comercial mais barato, também na Barra da Tijuca. Eles continuaram a cortar custos, sempre abrindo e mostrando plano de ação aos investidores. Julio acreditava que aquela lógica das decisões fazia sentido, e que o Peixe estava reagindo rapidamente: "Os investidores sempre nos apoiaram. Eles sabem que as coisas nem sempre dão certo ou só dão certo. Eles prezam a agilidade de sobreviver aos momentos mais difíceis e saber corrigir o que saiu errado".

Durante o período de reestruturação, Alex não se envolveu ativamente na área comercial; continuou focado na tecnologia e em formas de gerar impacto. Mas ele se lembra do estresse e dos riscos que empresas brasileiras correm caso quebrem: processos de funcionários, alguns com casos inventados, e a probabilidade de não conseguir pagar a todos. Olhando para trás, ele confessa que em muitos momentos o cenário demonstrava que não ia dar certo. Ele tem um mantra: "Qualquer situação sempre pode piorar. E se sobrevivermos a ela, o que vem depois é positivo". Ele não estava errado.

Um dia, o telefone tocou. Era o representante da chinesa Baidu no Brasil. Ele queria sentar para uma conversa sobre aquisição. O nome dele é Yan Di, um chinês apaixonado pelo Brasil. Casado com uma brasileira e vivendo no país desde 2001, fala português e pilota o escritório de São Paulo, que conta com 20 pessoas. O Baidu foi criado pelo cientista de computação Robin Li, no ano 2000, e apesar de ser considerada uma empresa relativamente jovem no universo da Internet, trata-se do maior buscador na China, com 80% de mercado local, e com várias fichas em inteligência artificial. Disse que a saída do Google da China em 2010, por sofrer com a censura de informação imposta pelo país, facilitou essa consolidação no mercado. De qualquer forma, antes disso o Baidu já tinha 60% dos usuários chineses. Vale lembrar que o número de internautas na China é o dobro da população dos Estados Unidos, e o Baidu ainda domina a área de mapas via BaiduMap.

A soma de todas essas informações – hábitos de usuários, busca, mapas e comportamento de compra – faz do Baidu o maior banco de dados da China. Nascido em 1968 e diplomado em Pequim e em Nova York, Robin Li tornou-se CEO da Baidu em 2004 – um ano mais tarde, a empresa foi listada na Nasdaq. Li é considerado hoje um dos homens mais ricos da China. Em 2009, a Baidu começou a expandir internacionalmente, iniciando operações no Japão, seguido por mercados emergentes, como Brasil, Índia, Indonésia, Tailândia e países do Oriente Médio – todos são mercados populosos. Eles enxergam um grande potencial em criar um ecossistema de O2O, baseado em investimento verticalizado e horizontal. Ao começar o mapeamento do mercado brasileiro, eles buscaram plataformas por meio das quais poderiam controlar e realizar essas transformações.

Em 2013, a China viu o mercado de celulares, principalmente Android, explodir em vendas; foi aí que a gigante chinesa passou a migrar sua tecnologia de serviços para o mercado móvel, cujo GPS muda toda a dinâmica da venda de cupons. No Brasil, essa onda ainda estava por vir – e eles sabiam que seria em um futuro bem próximo. Uma pesquisa apontou que em 2011 havia uma busca acelerada por compras coletivas. No entanto, praticamente 99% dos players daquele ano evaporaram. Os sobreviventes, Yan Di notou, eram o Groupon e o Peixe Urbano. Yan Di conversou com o Groupon, mas sentiu que a diretoria manifestava uma postura pessimista e visão um pouco limitada sobre o mercado brasileiro – para ele era difícil negociar com americanos. Yan Di, então, abordou o Peixe Urbano.

Ao se reunir com a cúpula do Peixe, Yan Di sentiu qualidade na equipe de gestão e sinergia entre as empresas. Ele gostou ainda do fato de o Peixe não ser atrelado a nenhuma multinacional e ter 40% da participação do mercado. Apesar da recente turbulência, que descapitalizou o Peixe pós-reestruturação, e pelo fato de o Peixe ainda se dedicar exclusivamente às compras coletivas, Yan Di sabia que seria interessante juntar forças para tornar o Peixe Urbano um *marketplace* de O2O. Di levantou todas as informações, se reportou à matriz chinesa, e adiantou a visita de Robin Li ao Brasil. Li deu sinal verde, acelerando o ritmo de aquisição do Peixe. Ele conversou com os principais investidores, e recorda que a Monashees, em particular, animou-se em ter um investidor estratégico apoiando o Peixe.

A aquisição se deu em um mês, e encheu Yan Di de orgulho por ter dado o primeiro passo. Segundo uma fonte próxima às operações, estima-se que a Baidu comprou o Peixe por 10 milhões de dólares, pagamento que voltou parcialmente para os últimos investidores, Morgan Stanley e T. Rowe Price. Alex, Julio e outros executivos-chaves teriam ficado com 20% das participações. O *press release* anunciando a compra foi divulgado no dia 9 de outubro de 2014, sem revelar valores. Com contrato assinado, Julio, Bruno e Alex embarcaram para a China para conhecer a Nuomi, um gigante *marketplace* de O2O chinesa, controlada pela Baidu. Começava o acordo de quatro anos de investimento para expansão.

O trio criou três propostas de negócios para apresentar aos chineses: das três, os chineses aprovaram a mais ousada. "Era a mais louca, a mais cara, a mais agressiva", nas palavras de Alex. O trio passou uma semana na empresa, com acesso a grandes executivos, aprendendo como funciona o sistema, o treinamento, a equipe, o marketing on-line e off-line e a estratégia de expansão. A Nuomi foi adquirida pela Baidu quando oferecia somente compras coletivas – em 2015, operava serviços em 650 mil estabelecimentos de 330 cidades chinesas, gerando 320 milhões de dólares por mês. Para Bruno, a experiência na China foi um desafio. Ele confessa que é chato pra comida, é avesso a carne vermelha e alérgico a leite, cacau e soja. Mas os chineses serviam uma variedade infinita de pratos, os quais ele não podia recusar. E isso incluía carne de porco e opções exóticas que ele mal conseguia identificar. Em nome da aquisição, raspou os pratos.

■ ■ ■ ■

O nascimento do Peixe Urbano, em 2010, foi uma época muito mais puxada para o Alex, que não tirou um dia de descanso por dois anos, criando tecnologias, programando envio de e-mails, mantendo o site no ar permanentemente. Mas os últimos dois anos foram mais puxados para o Julio, à frente de todas as negociações com investidores e das reestruturações. Ele estava desgastado. No final daquele ano, 2014, Julio sentou com o Alex e teve uma conversa. Confessou o cansaço, o Natal se aproximava, seguido de Carnaval, e, para alegrar o horizonte, um filho estava a caminho. "Julio, tira quatro meses de férias – deixa que eu toco o barco. Depois você volta e decide o que fazer. As oportunidades estão aqui. Vá curtir as suas férias."

Os chineses entraram no jogo com investidores e "professores" de O2O, tecnologia e tráfego. Ao notar que celulares e aplicativos seriam a forma mais rápida de penetrar no Brasil, a gigante chinesa comprometeu-se a investir 10 bilhões de reais no modelo O2O. Eles chegaram a criar a Associação Brasileira de O2O (ABO2O), da qual fazem parte várias empresas, incluindo o Peixe Urbano; a associação foca na legislação, uma barreira enfrentada por diversas startups focadas em tecnologia, promove palestras, pesquisas e relatórios da indústria.

Para levar o know-how ao Brasil, a Baidu traduziu para o português todo o material necessário para implementar seus produtos em curto prazo – em três anos, eles contabilizam 27 milhões de usuários ativos por mês, utilizando os produtos de smartphone. Yan Di posicionou no Peixe uma funcionária chinesa trilíngue – chinês, inglês e português, que serviu como ponte diária de conversa entre o Peixe e a Nuomi. Semanalmente, aconteciam reuniões para alinhar os acontecimentos. Muitas ideias surgiam em conjunto, e modelos gerados em ambos os países passaram a ser testados nos dois mercados.

Em 2015, como previsto, o mercado de smartphones explodiria no Brasil. A nova tecnologia facilitou a implementação da comunicação com o cliente via "push" – informações certeiras enviadas ao celular de cada um, e o resultado foi claro: a taxa de uso por telefonia móvel saltou de 6% para 54%. A geolocalização, que mostra ao usuário as ofertas ao seu redor, passou a gerar cerca de 40% das vendas – 16% vêm de push. O "Use Agora", como é chamado, permite que se use o cupom imediatamente, e é responsável por 90% das ofertas de restaurantes do Peixe. Hoje, os prazos das ofertas no ar são mais longos, e o Peixe Urbano paga o parceiro por cupom utilizado. Quem não usar o cupom mantém o crédito para compras futuras. Se o cancelamento ocorrer nos sete primeiros dias após a compra, há reembolso, seguindo a lei do consumidor. O Peixe abriu o ano com 40% de participação no mercado e fechou com 60%, colocando pressão sobre a concorrência.

■ ■ ■ ■

CAPÍTULO 29

CEO novo, cidade nova

Durante os quatro meses em que ficou afastado, Julio começou a acompanhar o novo ecossistema de startups que borbulhava no Brasil, e passou a investir em uma delas. Ainda assim, em uma noite de março de 2015, ele se juntou ao Alex para fazer uma palestra muito bem-humorada para alunos do Instituto Militar de Engenharia (IME), no Rio de Janeiro. No palco, perante a plateia, um vestia camisa polo azul-marinho, o outro também vestia camisa polo, na cor laranja – por coincidência, as cores do Peixe. Ali também estavam alguns funcionários do Peixe, além de Letícia, ainda à frente da comunicação. Julio começou dizendo que o Peixe estava celebrando cinco anos naquele dia, e todas as ofertas no site estavam disponíveis por cinco centavos. Sim, a promoção do "centavo" virou tradição anual no Peixe – a cada aniversário, aumenta-se um centavozinho.

"Quem quiser comprar algumas promoções enquanto falamos, a gente não se importa; assim vamos faturando durante a palestra", brincou Julio, arrancando risadas dos estudantes. Mas ele deixou os holofotes para Alex, que falava a língua da plateia: jovens estudantes de engenharia; 60% deles prestes a focar na área de computação. A ideia era apresentar os bastidores do Peixe e receber currículo dos estudantes.

Julio começou enfatizando para aqueles jovens que ele era o CEO, e o Alex o CTO, mas que numa empresa como aquela esses títulos pouco importam. Foi o Alex que vendeu a primeira oferta, todos trabalham numa mesma sala, e que todos ali, naquela plateia, devem sempre estar abertos a exercer funções nunca antes imaginadas. Depois da palestra, os estudantes poderiam deixar seus currículos.

No mês seguinte, abril de 2015, Julio confessou a Alex que estava curtindo o tempo afastado. Ele queria continuar assim, passar o bastão de CEO para Alex e seguir no Conselho da empresa. Quando a dupla avisou sobre o afastamento do Julio à Baidu, os chineses não gostaram – mas Alex mostrou que naqueles quatro meses o Peixe navegou tranquilamente sem o Julio. Eles entenderam, e assim Alex assumiu a direção do navio. Alex estava pronto para a empreitada. O Peixe não foi sua primeira empresa, e ele se vê como um empreendedor que veste diferentes chapéus. Ele gosta de lembrar que um bom empreendedor é capaz de fazer qualquer coisa razoavelmente bem, estar disposto a fazer e ser humilde para entender que em algumas áreas precisam de especialistas.

Nos dois primeiros anos pós-aquisição, o Peixe Urbano cresceu 100% e voltou a vender mais do que em 2011, até então o auge de sua existência. Em 2016, o Peixe alcançou um *market share* de quase 75%. Outra virada foi a forma de fidelizar os estabelecimentos, fazendo o Peixe abandonar a ideia de "compras coletivas" e tornar-se um "canal de vendas". Para isso, era preciso sacrificar a comissão em troca de uma grande penetração, aumentando o ganho do parceiro. Ao mapear as cidades, eles também notaram que nem todas eram relevantes para o negócio. A Baidu traçou um quadrante, que os ajudou a manter o foco nas principais cidades brasileiras.

Sem a necessidade de abocanhar o que era da concorrência, eles passaram a buscar novos parceiros e usuários. Adotaram, inclusive, promoções off-line em shoppings e até em restaurantes. Nos carnavais de 2016 e 2017, por exemplo, a marca patrocinou um camarote exclusivo de Salvador. Esta foi uma forma de quebrar um estigma de que "quem anuncia no Peixe está desesperado" ou que "o ingresso está encalhado". Esse pensamento gerava resistência de potenciais parcerias. O evento do camarote – que atende convidados seletos – foi uma boa iniciativa. Aos poucos, as reuniões com a Baidu deixaram de ser semanais, e gradualmente passaram a ser trimestrais com o Conselho. Àquela altura, o Peixe tinha 50% da venda do Groupon, e Alex não acreditava em mais investimentos para crescer. Metade das vendas do Groupon ainda se dava nos Estados Unidos, ainda que eles viam algum sucesso na Europa. Em 2016, Alex resolveu crescer de forma mais moderada, focando na rentabilidade de cada trimestre – o resultado foi um crescimento de 40% naquele ano.

■ ■ ■ ■

Novos mares

Ao pincelar o orçamento de 2017, Alex sabia que teria que incluir mais alguns caminhões de mudança: o escritório do Rio estava abarrotado. De novo. O Peixe havia duplicado suas vendas em dois anos, trazendo mais marinheiros a bordo. A equipe clamava por um espaço maior. Além do Rio, a empresa mantinha escritórios em São Paulo, Minas, Bahia, Espírito Santo e no Uruguai, para onde um desenvolvedor de software do Peixe se mudou e montou uma equipe remota. O novo espaço não precisava ser necessariamente em solo carioca. Alex queria economizar em tributos, mas abominava a ideia de negociar com prefeituras ou pedir favor a políticos. Então ele pesquisou cidades que oferecem vantagens, de acordo com regras e alíquotas que encaixam na categoria de negócios do Peixe.

Figuraram na lista o município paulista de Barueri, onde fica Alphaville, e Florianópolis, onde o ISS é de 2% – em comparação, no Rio e em São Paulo é de 5%. Alex sabia que mudando o Peixe para São Paulo ele perderia algumas pessoas importantes – elas não topariam abrir mão do estilo de vida praiano. Florianópolis saiu na frente, por combinar o estilo pé na areia com alíquota acessível. Não à toa, a prefeitura local fatura três vezes mais com o setor de tecnologia do que com o de turismo, e a cidade oferece boas universidades e programas de computação. Ainda assim, ele temia falta de mão de obra suficiente, afinal, a cidade é bem menor que o Rio.

Mas, ao sondar empresários locais, Alex aprendeu que tamanho não é documento. Floripa oferece dois benefícios aos contratantes: há qualidade de mão de obra, boas escolas públicas, e a qualidade de vida é tentadora. O índice criminal é baixo se comparado às grandes capitais, e não há excesso de lixo nas ruas e nas praias. "Parece outro país", diz Alex. Por essas razões, não foi difícil atrair profissionais de outras cidades para trabalhar no Peixe. Esse era o maior temor do Alex. A cereja do *sundae* foi a postura da prefeitura que deu seu parecer oficial para a mudança em menos de 24 horas – Alex ressalta que no Rio ou em São Paulo isso levaria cerca de um mês. A mudança era de interesse mútuo, e a relação entre a prefeitura e o Peixe tem sido positiva desde então. O escritório do Peixe fica no bairro João Paulo, perto do Centro, em um prédio relativamente novo. Em 2018, o espaço abrigava 250 funcionários que desfrutam da vista para um mangue e para a baía. Na hora do pôr do sol, alguns largam o que estão fazendo e correm para a janela. Em 2017, a receita aumentou em 28%.

■ ■ ■ ■

CAPÍTULO 30

Lá vêm os chilenos

Enquanto isso, na China a competição mudava o jogo no mercado de serviços locais. A Nuomi, canal de vendas da Baidu, perdia lugar no ranking ao ver as duas maiores competidoras assinarem contrato de casamento. Era hora de tirar os olhos do restante do mundo e focar no mercado doméstico. A Baidu reformulou seus investimentos, retirando, inclusive, sua participação no Uber. Olhando para dentro, investiram mundos e fundos na operadora de carros Shouqi Limousine & Chauffer, prometendo levar para essa empresa sua *expertise* em inteligência artificial, entrando em competição com o líder do setor na China, Didi Chuxing. Com todas as cartas em inteligência artificial, área na qual a Baidu sempre foi forte, o interesse dos chineses pelo Peixe Urbano perdeu força. No começo de 2017, a Baidu colocou o Peixe à venda.

Dessa vez, os compradores tinham sotaque espanhol. São chilenos do fundo Mountain Nazca, encabeçados pelo empreendedor Felipe Henríquez Meyer. Felipe foi cofundador do site de compras coletivas ClanDescuento, posteriormente adquirido pelo Groupon América Latina. Na época, o objetivo da aquisição era colocar a equipe do site chileno no comando da expansão do Groupon no continente, com exceção do Brasil. Em 2014, Felipe montou, com sócios, o Nazca Ventures, para investir em startups na

América Latina. Um ano mais tarde, ele criou parceria com a companhia suíço-alemã Mountain Partners AG, e hoje, com o nome Mountain Nazca, eles operam em Santiago, Cidade do México, Buenos Aires e São Francisco.

Quando o Groupon sinalizou interesse em deixar a América Latina (assim como ele tem feito em algumas regiões do mundo onde há forte concorrência), Felipe não piscou: em fevereiro de 2017, ele adquiriu as operações do Groupon no Chile, Argentina, Peru, México, Colômbia e Brasil. No final do mesmo ano, ele e Alex começaram a conversar sobre a fusão entre o Peixe e o Groupon Brasil. A Mountain Nazca comprou o Peixe da Baidu, e em novembro um *release* chegava às redações brasileiras anunciando o enlace entre o Peixe e as operações do Groupon Brasil. O texto sublinhava que o Groupon entrava com sua força no setor de beleza e viagens, e o Peixe Urbano, com seus 28 milhões de usuários cadastrados, o domínio nos mercados de gastronomia e entretenimento, incluindo a funcionalidade "Use Agora", disponível nas duas plataformas.

Alex passou a ser o CEO das duas marcas para os seis países da América Latina, e o chileno Félix Lulion, então CEO do Groupon Brasil, assumiu a empreitada como COO, responsável pelas vendas e operações. A junção dos 400 funcionários nacionais do Peixe com os 160 do Groupon brasileiro espalhou e chacoalhou o time. Alguns funcionários das áreas financeira e comercial do Groupon, sediados em São Paulo, mudaram-se para Floripa, outros permaneceram na capital paulista. Algumas pessoas foram desligadas por ocuparem cargos similares no Groupon e no Peixe, e todos os vendedores passaram a representar as duas empresas. Na verdade, 67% dos estabelecimentos já divulgavam seus serviços nos dois sites. Com o novo modelo, eles passaram a desfrutar do mesmo sistema. Há uma equipe de televendas que alcança cidades sem vendedores locais – uma vez fechadas as parcerias, um gestor viaja até o estabelecimento para treinar suas equipes. Os mercados fora do Brasil são menores – em 2018 empregavam um total de 550 pessoas espalhadas em todos eles. Consolidar o mercado e abocanhar as operações do Groupon era a ideia inicial do Julio e do Alex desde que a Baidu entrou em campo. No final, tudo aconteceu seguindo "um roteiro de novela mexicana", como diz o Julio. Mas o Peixe chegou aonde a dupla queria. Os arranca-rabos entre o Peixe e o Groupon acabaram em beijos e puro amor. Quem diria?

■ ■ ■ ■

CAPÍTULO 31

Um novo ecossistema

Contar a história de uma era em que não se usava celular para chamar um táxi parece pré-história. Mas, olhando para trás, o Peixe foi, de alguma forma, precursor do modelo O2O no Brasil. Em 2010, quando a empresa foi criada, não se chamava táxi por aplicativo e não se pedia refeição em domicílio sem dar um telefonema. Hoje esse modelo afeta grande parte dos serviços: consultas médicas, lavanderia, aluguel de bolsas, ou compartilhamento de carros, casas e carona. O Brasil está em outro momento, e entrou em 2018 com o pé direito quando, em janeiro, nasceu o primeiro unicórnio do país: o aplicativo 99Taxis, dos empreendedores Paulo Veras, Renato Freitas e Ariel Lambrecht, que venderam a empresa para a chinesa Didi Chuxing, a tal concorrente da Baidu, por 1 bilhão de dólares (Paulo Veras chegou a fazer parte da onda de compras coletivas, liderando o Imperdível em 2010, mas vendeu sua participação na empresa em 2011 ao sentir os primeiros tremores do setor).

Na visão de quem investe, o mercado dá gosto: na Associação Brasileira de Startups, organização que apoia o setor, há 52 mil empreendedores cadastrados. Trata-se de uma geração mais globalizada e mais diplomada no exterior, voltando ao Brasil com novas práticas. Em abril de 2018, a revista *Pequenas Empresas Grandes Negócios* divulgou uma lista com as 100 startups para se ficar de olho no Brasil. Durante cinco meses, uma equipe de 40 analistas, formada por jornalistas e consultores, colocou sob a lupa as 1.300 startups inscritas para essa iniciativa. Eles coletaram dados relacionados à inovação, mercado, escalabilidade e aspectos financeiros. As 100 startups pertencem a 14 setores, incluindo agronegócio, educação, logística e indústria. Ou seja, em menos de uma década o ecossistema de startups no Brasil explodiu.

Esse movimento difere da primeira bolha da Internet, que estourou na virada do ano 2000 e chegou a render o Prêmio Abril para jornalistas da revista *Exame* que cobriram a migração dos empregos tradicionais para a nova onda. Mas, logo depois, diversas empresas morreram na praia e muitos que se diziam empreendedores evaporaram. Voltaram a trabalhar em empregos mais seguros. Surgiram, inclusive, piadas usando as siglas de startups B2B (Business to Business) ou B2C (Business to Consumer), como "Back to Bank" e "Back to Consulting" (De volta para o banco / De volta para a consultoria). Antes disso, por volta da década de 1980, empresas como a Intel e a Microsoft criavam produtos para fins corporativos. Hoje, a tecnologia fala diretamente com uma população fluente nessa linguagem, usando smartphones, aplicativos e laptops. Há uma nova onda de comunicação, compartilhamento instantâneo de experiências e de conhecimento. Tudo isso inspira mais jovens a empreender. No Brasil, já há quem use o verbo "startapear".

Apesar dos tropeços, ao olhar para trás, o Julio pensa no impacto positivo que o Peixe teve em muita gente. Por muito tempo, o Peixe liderou o setor, trazendo empreendedores e investidores para o mercado. Logo nos primeiros anos, uma pesquisa mostrou que a marca alcançava 80% de reconhecimento nas ruas de São Paulo, Rio de Janeiro e Belo Horizonte. Em 2018, sem qualquer febre ou modismo, a receita e as vendas da empresa chegavam ao dobro do que obtinham no pico do sucesso, em 2012, operando com um quarto do custo e de mão de obra. De qualquer forma, o Peixe continua navegando pelo site "Reclame Aqui", hoje com 100% das reclamações atendidas, 87% de índice de solução e 69% de clientes que topariam reutilizar o Peixe. Esse sempre será o preço de empresas que vendem serviço alheio.

Sobretudo, o Peixe ajudou a formar uma leva de empreendedorismo em tecnologia. Entre os expoentes que atuaram no time do Peixe, muitos já tinham tecnologia na veia e seguiram para o Twitter. Bruno Raposo orquestra o braço brasileiro da espanhola Glovo, de entrega de produtos. Pedro Rivas está na Cabify, aplicativo de táxis. Rodolpho e Letícia seguiram para a Bidu, site que compara seguros. Outros foram mordidos pelo mosquito do empreendedorismo, e dali criaram suas próprias startups. Entre elas, a empresa de pesquisa de mercado "PiniOn", de Eduardo Grinberg (vendida com sucesso para a Idea Big Data e outros investidores em novembro de 2017), e o site "Mais Asas", da Bela, que vende experiências exclusivas, como aula de café ou de altinho na praia.

Theo Hamaoui também saiu do Peixe para se juntar a Edu no PiniOn. Após a venda, Julio lhe recomendou migrar para o Méliuz, empresa de cupons e "cash back" associados a marcas, que faz parte da lista da Endeavor. Edu Wexler cofundou o serviço de entregas Loggi, outro investimento da Monashees. Também nasceu a SmartMEI, startup de ferramentas financeiras para microempreendedores. Julio, de volta a São Francisco em 2016, cofundou o aplicativo Prefer, ainda testando suas águas no mercado americano, ao conectar profissionais liberais a clientes via recomendações. Sua esposa, Irit, cofundou o Solv, um serviço que reduz o tempo em sala de espera para urgência médica.

Julio ainda investe em startups brasileiras, incluindo a SmartMEI, por meio do fundo que ele cocriou, chamado Canary. Ele também investe com Ryan Osilla (aquele que passou mal no Peixe Urbano e voltou para São Francisco), que fundou uma startup dedicada a engenheiros de software, e com Luke Cohler, que criou a Jetty.com, startup de seguros para inquilinos, em Nova York. Mas ninguém deve se enganar: tanto nos Estados Unidos quanto no Brasil, o índice de mortalidade de startups é alto. A ABStartups aponta que apenas uma em quatro sobrevive. No entanto, quem respira e escala é responsável por 50% dos novos empregos. Entre os brasileiros, a falha nos negócios ainda é atrelada ao estigma do fracasso. Já no Vale do Silício, a mesma falha é considerada um passo em direção ao sucesso: da próxima vez, espera-se que o sujeito esteja mais forte e mais sábio. Em suma, mais velho, mais rodado. Para mudar o estigma enraizado na cultura brasileira, é preciso que mais empreendedores revelem seus casos, seus tropeços e soluções. Precisa-se de mais exemplos, de mais histórias. Elas serão sempre bem-vindas. Quem quiser que conte outra.

■ ■ ■ ■

Agradecimentos

Escrever um livro é um feito solitário, mas nunca se faz sozinho. Agradeço aqui ao aquário de peixinhos que fizeram parte desta jornada.

Obrigada, Julio Vasconcellos, pelo convite, e Letícia Leite, pelo apoio e confiança. Obrigada, Paulo Tadeu e Matrix Editora, pelo profissionalismo ímpar.

Obrigada a todos que me receberam pessoalmente ou conversaram via Skype, para dividir suas histórias e visões sobre o Peixe Urbano: Julio Vasconcellos, Alex Tabor, Emerson Andrade, Letícia Leite, Irit Epelbaum, Bruno Raposo, Marcelo Epperlein, Eduardo Grinberg, Rodolpho Gurgel, Maria Fernanda Ortega, Nelson Rodrigues, Eric Acher, Luke Cohler, Pedro Rivas, Yan Di, Heliene Oliveira, Claudia Pamplona, Pedro Gabriel, Andressa Carrasqueira, Theo Hamaoui, Isabela Cunha, Isabella Heine, Bianca da Hora e Juliana Engmann. E ainda a Kadu Guillaume, Alexandre Ribenboim, Márcio Boruchowski, Arnaldo Goldemberg e Malu López, que despejaram conhecimento sobre o mundo das startups.

Obrigada, Gabriela Mattos e Guilherme Simão, por transcreverem muitas dessas entrevistas.

Muito obrigada pela torcida, conselhos e eterna inspiração, minhas queridas amigas e jornalistas Malu Gaspar, Mariana Barbosa e Fernanda Santos.

Obrigada pelo feedback crucial daqueles que, pacientemente, passaram o pente-fino pelo manuscrito ou parte dele: Daniel Stycer, Marcelo Duarte, Márcio Leibovich, Marcelo DoRio, Débora Finkielsztejn, Ana Beatriz Vassimon, Nelson Botter Jr., Marcel Naime, Flávia Rocha, Marcos Pedrosa e Nancy Ogassawala.

Obrigadíssima às queridas Gabriela Aguerre, Michelle Strzoda, Gabriela Schipper, Gabriela Erbetta e Ana Luisa Chafir por me guiarem pelos mares do mercado editorial. Obrigada pela consultoria jurídica, Luciano Porto, Carla Sabóia e Carla Passos.

Imenso obrigada pelas trocas, João Gabriel de Lima, Adriano Silva, Joaquim Andrés Ribeiro e Suzana Apelbaum, e pelo apoio, Fernanda Mazzuco, Cristiane Chiavenato e Isaac Mizrahi.

Obrigada sempre, Eurípedes e Regina Alcântara. Obrigada aos meus editores, que ao longo dos anos me ensinaram a apurar, questionar, checar e escrever com respeito. Obrigada, minhas amigas do Brooklyn, Cecília Schiera, Elizabeth King e Eba Taylor, por acolherem a minha filha para que eu pudesse escrever um pouco mais.

Ao meu pai, pelo amor sem fronteiras, presença e pelo exemplo de empreendedorismo, ética e carisma. À minha mãe, pelos livros na infância. À memória dos meus quatro avós, imigrantes e refugiados, que reconstruíram suas vidas no Brasil, vindos do outro lado do mundo.

E à minha filhinha, que dos 5 aos 7 anos esperou "a mamãe terminar mais um parágrafo", além de colar 22 adesivos no meu computador: meus dias ficaram muito mais coloridos por causa deles, meu amor.

■ ■ ■ ■

Referências

2010 – do 2º ao 12º capítulo

- Brazil takes off - The Economist 12 de novembro de 2009. https://www.economist.com/node/14845197
- Peixe Urbano (A) The Ride Up the Roller Coaster - Graduate School of Business - Case Study E494A – Hayagreeva Rao e Yin Li
- Jerks and the Start-Ups They Ruin - The New York Times - 1º de abril de 2017 - Dan Lyons. https://www.nytimes.com/2017/04/01/opinion/sunday/jerks-and-the-start-ups-they-ruin.html
- "I'm Here to Help", Trump Tells Executives at Meeting - 14 de dezembro de 2016, The New York Times - David Streitfeld. https://www.nytimes.com/2016/12/14/technology/trump-tech-summit.html
- O que faz as startups de Israel terem tanto sucesso? Elas são como as flores do deserto de lá - 5 de julho de 2016 - Paulo Loeb, Projeto Draft. http://projetodraft.com/o-que-faz-as-startups-de-israel-terem-tanto-sucesso-elas-sao-como-as-flores-no-deserto-de-la/
- Nurturing Startups in Brazil, with a nod to Silicon Valley - 24 de outubro de 2011, The New York Times, Vinod Sreeharssha. https://dealbook.nytimes.com/2011/10/24/nurturing-start-ups-in-brazil-with-a-nod-to-silicon-valley/

- Serviço de compra coletiva pela internet chega ao país - 28 de março de 2010, Folha de S. Paulo - Mariana Barbosa. http://www1.folha.uol.com.br/fsp/dinheiro/fi2803201014.htm
- Pesca de Ocasião - Revista Veja, Renata Betti - 16 de junho de 2010. https://sobre.peixeurbano.com.br/noticias/pesca-de-ocasiao-veja/
- Peixe Urbano Founder: "Perhaps Groupon thought it was fine to arrive in Brazil with Fake Deals" - 29 de julho de 2010. Tech Crunch. https://techcrunch.com/2010/07/29/peixe-urbano-founder-perhaps-groupon-thought-it-was-fine-to-arrive-in-brazil-with-fake-deals-video/
- Groupon's Biggest Deal Ever: The Inside Story of How One Insane Gamble, Tons of Unbelievable Hype, and Millions of Wild Deals Made Billions for One Ballsy Joker - 5 de junho de 2012, Frank Sennett - St. Martin's Press. http://a.co/gQQXke2
- Meet the fastest growing company ever - Forbes - 12 de agosto de 2010, Christopher Steiner. https://www.forbes.com/forbes/2010/0830/entrepreneurs-groupon-facebook-twitter-next-web-phenom.html#719e7b634c2e
- Three Reasons Google Wants Groupon - 1º de dezembro de 2010 - Fortune Magazine - JP Mangalindan. http://fortune.com/2010/11/30/three-reasons-google-wants-groupon/
- Why Groupon Said No To Google's $ 6 Billion - 8 de dezembro de 2010, Business Insider - Nicholas Carlson http://www.businessinsider.com/why-groupon-said-no-to-google-2010-12
- Why Groupon Really Turned Down Google's $ 6 Billion Offer - 2 de junho de 2012, Business Insider - Owen Thomas http://www.businessinsider.com/groupon-google-deal-turn-down-2012-6
- Foco, Paixão e Trabalho: as bases da carreira bem-sucedida de Luciano Huck - 25 de agosto de 2015, Endeavor Brasil. https://endeavor.org.br/luciano-huck/

- Sites de compras coletivas caem no gosto dos paulistanos - Veja São Paulo - Giovana Romani - 26 de novembro de 2010. https://vejasp.abril.com.br/cidades/sites-de-compras-coletivas-sao-paulo/

2011 – do 13º ao 20º capítulo

- Dois Fundos Investem no Peixe Urbano - Mariana Barbosa - Folha de S.Paulo - Mercado, 6 de maio de 2011. https://sobre.peixeurbano.com.br/noticias/dois-fundos-investem-no-site-peixe-urbano-folha-de-s-paulo/
- Groupon Acquires German Clone City Deals - 17 de maio de 2011, Tech Crunch. https://techcrunch.com/2010/05/16/breaking-groupon-acquires-german-clone-citydeal/
- Daily Deal Providers May Be Violating Consumer Protection Laws - 15 de junho de 2011 - Rocky Agrawal Tech Crunch. https://techcrunch.com/2011/06/15/daily-deal-consumer-protection-laws/
- Procon autua sites de compras coletivas por irregularidade - Revista Veja - 21 de novembro de 2011. https://veja.abril.com.br/economia/procon-autua-sites-de-compra-coletiva-por-irregularidade/
- Procon-SP autua Click, Groupon e Peixe Urbano - Revista Exame, Daniela Barbosa - 21 de novembro de 2011. https://exame.abril.com.br/pme/procon-sp-autua-groupon-click-on-e-peixe-urbano/
- Marissa Meyer and the fight to save Yahoo! - Nicholas Carlson - 5 de janeiro de 2016. http://a.co/21MTtpv

2012 – do 21º ao 25º capítulo

- Morgan Stanley, T. Rowe Price invest in Brazil's Peixe Urbano - Bloomberg, Adriana Brasileiro - 18 de janeiro de 2012.

https://www.bloomberg.com/news/articles/2012-01-18/morgan-stanley-t-rowe-price-invest-in-brazil-s-peixe-urbano
- Morgan Stanley e T. Rowe Price investem no Peixe Urbano - Revista Exame, Priscilla Zuiri - 18 de janeiro de 2012. https://exame.abril.com.br/pme/morgan-stanley-e-t-rowe-price-investem-no-peixe-urbano/
- Best International Startup: Peixe Urbano - 31 de janeiro de 2018 - TechCrunch TV. https://techcrunch.com/2012/01/31/best-international-startup-peixe-urbano/
- Procon processa Groupon, Click On e Peixe Urbano - 2012. JusBrasil via Portal Juristas. https://juristas.jusbrasil.com.br/noticias/2941107/procon-processa-groupon-click-on-e-peixe-urbano
- Aplicabilidade do Direito do Consumidor aos Leilões Virtuais - Âmbito Jurídico - Sandro José de Oliveira Costa. http://www.ambito-juridico.com.br/site/?n_link=revista_artigos_leitura&artigo_id=6319
- Reclamações contra sites de compras coletivas aumentam mais de 400% - 22 de setembro de 2012. Revista Veja. https://veja.abril.com.br/tecnologia/reclamacoes-contra-sites-de-compras-coletivas-aumentam-mais-de-400/
- Warning: Groupon May Be Dangerous to Your Wealth - Norman I. Silber / Diego Matamoros - Huffington Post March, 6 - 2014. https://www.huffingtonpost.com/norman-i-silber/warning-groupon-may-be-da_b_4894122.html
- Groupon Promises. https://www.groupon.com/groupon-promise

2013 – 26º e 27º capítulos

- Groupon Fires CEO Andrew Mason: The Raise and Fall of the Tech's Enfant Terrible - Revista TIME, Sam Gustin - 1º de março de 2013. http://business.time.com/2013/03/01/groupon-fires-ceo-andrew-mason-the-rise-and-fall-of-techs-enfant-terrible/

- Entrevista: Pedro Kranz, PK, Social Media Manager (SRM) at Peixe Urbano - Talita Lombardi - 17 de janeiro de 2013 - Startup Stars. - http://www.startupsstars.com/2013/01/pk/
- Groupon tem novo CEO no Brasil. E velho desafio. Veja - 27 de junho de 2013. https://veja.abril.com.br/tecnologia/groupon-tem-novo-ceo-no-brasil-e-velho-desafio/
- Has Brazil Blown it? The Economist - 27 de setembro de 2013. https://www.economist.com/news/leaders/21586833-stagnant-economy-bloated-state-and-mass-protests-mean-dilma-rousseff-must-change-course-has
- https://www.reclameaqui.com.br/empresa/peixe-urbano/
- Peixe Urbano (B) From Founder to Turnaround CEO - Graduate School of Business, Standford University Case nº E494B – Hayagreeva Rao, Yin Li https://www.gsb.stanford.edu/faculty-research/case-studies/peixe-urbano-b-founder-turnaround-ceo

2014 - 2018 – do 28º ao 31º capítulo

- Why Google Left China - and Why It's Heading Back - 19 de janeiro de 2016 The Atlantic - Kaveh Waddell. https://www.theatlantic.com/technology/archive/2016/01/why-google-quit-china-and-why-its-heading-back/424482/
- China's Baidu buys control of Brazil's Peixe Urbano in expansion push - Reuters Staff - 9 de outubro de 2014 - Reuters. https://www.reuters.com/article/us-peixe-urbano-m-a-baidu/chinas-baidu-buys-control-of-brazils-peixe-urbano-in-expansion-push-idUSKCN0HY1EN20141009
- Baidu sets up fight with Didi in China's Luxury car-hailing marke - 20 de novembro de 2017 - South China Morning Post - Meng Jing. http://www.scmp.com/tech/start-ups/article/2120714/chinas-premium-car-hailing-market-just-got-interesting-baidu-enters

- Peixe Urbano e Groupon fundem operações no país - 27 de novembro de 2017, O Estado de S.Paulo - Bruno Capelas. http://link.estadao.com.br/noticias/empresas,peixe-urbano-e-groupon-brasil-fundem-operacoes-no-pais,70002098770
- As 100 startups brasileiras para ficar de olho - 4 de abril de 2018. Pequenas Empresas & Grandes Negócios - Thomaz Gomes. https://revistapegn.globo.com/Startups/noticia/2018/04/100-startups-brasileiras-para-ficar-de-olho.html

■ ■ ■ ■

Visite nosso site e conheça estes e outros lançamentos: www.matrixeditora.com.br

COACHING DE CARREIRA | Juliana De Mari

Este livro em forma de caixinha traz 100 perguntas para clarear e organizar pensamentos e atitudes em relação aos objetivos de seu trabalho/carreira. Dessa forma, você vai poder se colocar em um nível de maior satisfação na vida profissional, alcançando os resultados que pode e merece.

DETONE | Eduardo Adas, Rogerio Chequer, Sabrina Mello e Tatiana Vial

E então chega o momento de encarar uma plateia para uma grande apresentação da sua empresa. Ou a hora de apresentar seus planos para as pessoas ao redor de uma mesa durante uma reunião. Muita gente sua frio nessa hora, trava, esquece o que vai ser dito ou até desiste antes de começar. São reações normais do ser humano. Mas podem ser enfrentadas e vencidas, para que você esteja preparado nos momentos decisivos de sua vida e sua comunicação seja eficaz e produza os resultados necessários – com firmeza, credibilidade e emoção. Neste livro, você encontra os caminhos para falar em público com preparo técnico e emocional.

NÃO ERRE MAIS | Luiz Antonio Sacconi

Se você acha que aprender português é uma coisa chata, está completamente errado. Quem aprende com o *Não erre mais!* sabe que está fazendo tudo do jeito certo para se divertir com os comentários humorados do autor, enquanto vai tirando dúvidas e entendendo tudo de acentuação, pontuação, sintaxe e regência do nosso idioma. Afinal, você está com um dos mais consagrados professores brasileiros, Luiz Antonio Sacconi, nesta que é uma das mais tradicionais obras do mercado editorial brasileiro. Aproveite os exercícios com respostas, no final do livro, para aprimorar seus conhecimentos. Estamos certos de que você vai gostar.

BIOGRAFIA DA TELEVISÃO BRASILEIRA | Flávio Ricco, José Armando Vannucci

Está no ar uma das maiores, mais extensas e significativas pesquisas sobre a história da televisão no Brasil. Os mais importantes profissionais envolvidos com a TV brasileira foram entrevistados para compor um painel amplo desse veículo que, desde 1950, cativa corações e mentes do nosso país e que se tornou um símbolo da cultura nacional, apresentando conhecimento, diversão e informação. Abra as páginas dos dois volumes e faça um passeio por novelas, telejornais, programas humorísticos e esportivos; conheça os empresários e seus canais, além dos astros e estrelas que se consagraram no meio. CAIXA COM DOIS VOLUMES. Capa de Hans Donner.

MATRIX